PENSAR DEMASIADO TE ESTÁ DESTRUYENDO

TE CAMBIARÁ LA VIDA

5 PASOS PARA DESINTOXICAR TU MENTE Y MEJORAR TU VIDA DIA A DIA. SOLO EL 1% LO HACE

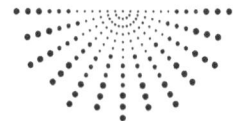

ADAM TUSCO

Pensar Demasiado te está Destruyendo © Copyright 2025 de Adam Tusco

Primera Edición

Todos los derechos reservados

Derechos de Autor

Todos los contenidos de este libro están protegidos por derechos de autor. Está estrictamente prohibida la reproducción total o parcial de esta obra, por cualquier medio o procedimiento, sin la autorización previa y por escrito del editor. Se permite únicamente la cita breve de fragmentos con fines de crítica, reseña o divulgación, siempre que se mencione correctamente la fuente.

Nota Legal

La información contenida en este libro no pretende ni debe interpretarse como sustituto de asesoramiento médico, psicológico, legal, financiero ni profesional de ningún tipo. El contenido se presenta exclusivamente con fines educativos, reflexivos y de entretenimiento. Este libro no reemplaza la consulta con profesionales cualificados en temas de salud mental, física o legal.

Exención sobre Ejemplos, Historias y Casos

Las historias, ejemplos, descripciones y casos mencionados en este libro han sido creados con fines ilustrativos. Algunos nombres, personajes, lugares o situaciones son ficticios o utilizados de forma ficticia. Cualquier semejanza con personas reales, vivas o fallecidas, empresas, instituciones, hechos o lugares reales es pura coincidencia. Estas narraciones tienen como único objetivo facilitar la comprensión de conceptos o inspirar la reflexión personal.

Precisión de la Información

Los contenidos han sido elaborados con el mayor rigor posible en base a fuentes consideradas fiables y a la experiencia personal y profesional del autor en el momento de redacción. No obstante, no se garantiza que toda la información esté libre de errores, omisiones o desactualización. Se recomienda al lector acudir a especialistas certificados antes de aplicar cualquiera de las técnicas, reflexiones o ejercicios propuestos.

Cláusula de Responsabilidad

El lector acepta, al continuar con la lectura, que el uso de la información aquí contenida se realiza bajo su propia responsabilidad. El autor queda exonerado de cualquier tipo de responsabilidad legal, directa o indirecta, derivada del uso inapropiado o indebido del contenido. Esto incluye, pero no se limita a, pérdidas económicas, daños físicos, psicológicos, personales o patrimoniales, ya sean accidentales, contractuales, por negligencia o cualquier otra causa. Asimismo, se recomienda no suspender ningún tratamiento médico, psicológico o profesional sin la aprobación del profesional correspondiente.

La implementación de cualquiera de los métodos, hábitos o propuestas descritas en este libro requiere criterio propio, sentido común y, cuando sea apropiado, supervisión profesional. El lector se compromete a asumir todos los riesgos y consecuencias de sus decisiones, comprendiendo que los resultados pueden variar significativamente según las circunstancias personales de cada individuo.

Al leer este libro, aceptas estas condiciones y te comprometes a tomar decisiones informadas y conscientes, con responsabilidad y orientación adecuada.

ÍNDICE

Introducción — 7

1. El precio invisible de pensar demasiado — 11
2. Tu mente en modo supervivencia — 18
3. Cuando pensar se convierte en autoexigencia — 26
4. Más allá de tus pensamientos — 34
5. Observar sin reaccionar — 42
6. Respirar para salir del bucle — 50
7. Elegir en lugar de pensar — 58
8. Soltar no es rendirse — 66
9. Hablarte diferente cambia todo — 74
10. Días 1–3: Silencio mental activo — 82
11. Días 4–6: Entrenar la atención presente — 90
12. Días 7–10: Romper patrones, crear rutas nuevas — 98
13. Días 11–14: Fijar lo aprendido en tu cuerpo — 106
14. Cuando el pensamiento vuelve: actuar sin miedo — 112
15. Vivir más allá del pensamiento constante — 120
16. Solo el 1% lo hace... tú ahora también — 128
    Epílogo — 134

INTRODUCCIÓN

Hay un momento en el que te das cuenta de que algo no está funcionando, pero no sabés exactamente qué. No es que estés mal. Pero tampoco estás bien. Tenés días llenos, mente activa, cosas por hacer... y sin embargo, te sentís cansada incluso antes de empezar. Como si el solo hecho de estar despierta ya requiriera más energía de la que tenés disponible.

No hay drama. No hay crisis. Pero sí hay un ruido de fondo que no se calla. Un cansancio que no se resuelve durmiendo. Una incomodidad sorda, como si estuvieras atrapada en una versión de vos misma que no elegiste del todo. ¿Te pasa?

Este libro es para ese momento. Para ese tipo de agotamiento silencioso que nadie ve, pero que vos llevás encima como un peso permanente.

No te va mal. No estás tirada en la cama sin poder moverte. No. Lo tuyo es más invisible, más sofisticado, más común de lo que parece: tenés la mente encendida todo el tiempo. Y esa mente no para. Se adelanta. Evalúa. Imagina. Repite. Se reprocha. Duda. Corrige. Se compara. Y mientras lo hace, no te deja estar en paz ni un segundo.

Pensar está bien. Obvio. Pero lo que te está pasando no es pensar: es no poder dejar de pensar. Y eso te desconecta. De tu cuerpo. De tu descanso. De tus decisiones. De tu intuición. De tu presencia.

Te volvés productiva, sí. Pero desconectada. Te volvés resolutiva, sí. Pero agotada. Te volvés funcional, sí. Pero ¿feliz?

A lo mejor hace tiempo que no sabés qué se siente vivir con espacio adentro. No estar alerta todo el día. No tener el estómago apretado. No sentirte corriendo incluso cuando estás quieta. No intentar controlarlo todo para que nada duela. Hace tiempo que no descansás de vos. Y ya no sabés cómo se hace.

Te acostumbraste a vivir así. Pero no naciste así.

No viniste al mundo para analizarlo todo. No viniste a este cuerpo para usarlo solo como vehículo de tareas. No viniste a esta vida para pasarla planificando lo que viene mientras te perdés lo que está. No viniste para estar atrapada en tu mente como si fuera un castigo.

Este libro no busca darte más información. Ya tenés suficiente. Sabés mucho. Sos de las que leen, investigan, preguntan, buscan. No necesitás más contenido. Necesitás otra forma de estar con lo que ya sabés.

Esto es un entrenamiento. Pero no uno mental. Uno más profundo. Más físico. Más humano. Un entrenamiento para aprender a volver a vos sin tener que resolverlo todo. Para bajar el volumen sin apagar quien sos. Para dejar de pensar tanto y empezar a vivir más.

Te va a incomodar, un poco. Porque te va a invitar a hacer lo que venís evitando: frenar. Sentir. Soltar. Estar en silencio. Decidir sin tener todo claro. Respirar sin hacer nada más. Pero también —y sobre todo— te va a aliviar. Porque ese silencio que tanto temés no está vacío. Está lleno de vos.

Este libro está escrito para la mujer que parece tenerlo todo bajo control... menos la calma.

Y si estás leyendo esto, probablemente seas vos.

Estás a punto de hacer algo que pocas hacen: salir del ruido sin necesidad de huir del mundo. Bajar de tu cabeza a tu vida. Y redescubrir cómo se siente vivir desde adentro.

Te invito a empezar. Pero no a entenderlo. A practicarlo. Porque la mente no se apaga leyendo. Se apaga viviendo distinto.

Y eso, ahora, sí es posible.

1
EL PRECIO INVISIBLE DE PENSAR DEMASIADO

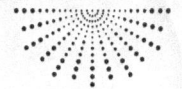

CANSANCIO QUE NO DESCANSA

Hay un tipo de agotamiento que no se alivia con dormir. Es ese cansancio que te acompaña al despertar, como si durante la noche tu mente hubiera seguido trabajando sin permiso. Lo conoces bien: una especie de niebla que te envuelve la cabeza desde temprano, un embotamiento sutil pero constante que te impide sentirte del todo aquí. No es fatiga física. Es otra cosa.

Ese desgaste tiene nombre, aunque pocas veces lo nombramos con claridad: pensamiento excesivo. No se nota en un análisis de sangre, pero erosiona tu energía cada día. No se diagnostica en una ecografía, pero ocupa tanto espacio dentro de ti que a veces parece no caber más. Es un runrún mental constante que salta de un tema a otro, revisa conversaciones pasadas, imagina escenarios futuros, calcula riesgos, evalúa palabras, mide gestos, inventa consecuencias. Sin parar.

Y no, no es inteligencia ni previsión. Es una trampa disfrazada de productividad.

Pensar demasiado cansa porque consume recursos internos que no se reponen solo con descansar el cuerpo. El cerebro es un órgano que gasta energía igual que cualquier músculo. Cada pensamiento, cada evaluación, cada análisis, cada duda repetida, desgasta. Es como tener muchas pestañas abiertas en un navegador: aunque no estés viendo cada una, todas consumen memoria.

Y así vas por la vida: con la mente saturada, incluso cuando el día apenas empieza. Tomas decisiones pequeñas como si fueran grandes dilemas. Te cuesta ordenar tus prioridades. Te distraes con facilidad. Lees la misma frase tres veces. Dejas las llaves en lugares absurdos. Te frustras por tu propia lentitud.

Y a veces lo justificas. Te dices que es normal. Que solo estás cansada. Que cuando pasen estos días vas a estar mejor. Pero no pasa. Porque no se trata de dormir más, sino de pensar menos.

El sobreanálisis también roba algo más profundo: tu capacidad de sentir. Cuando la mente está hiperactiva, el cuerpo queda en segundo plano. No hay espacio para notar qué te está diciendo el corazón, qué necesita tu estómago, cómo se siente tu respiración. Pierdes acceso a señales esenciales que podrían guiarte con más precisión que cualquier pensamiento. Pero estás demasiado ocupada *procesando*.

Y ese es el precio silencioso: estar viva pero no presente. Funcionar sin claridad. Vivir desde el esfuerzo mental constante, en lugar de desde una conciencia más tranquila.

Lo paradójico es que cuanto más piensas para resolver, más se bloquea tu capacidad real de decisión. La mente cansada no elige mejor. Solo gira sobre sí misma. En lugar de cerrar temas, los reabre. En lugar de encontrar soluciones, acumula hipótesis. Y así, lo que empezó como una estrategia de control, termina como una cárcel sin salida.

Cuando el cansancio no descansa, no necesitas más café. Necesitas silencio.

CÍRCULOS QUE NO SE CIERRAN

Uno de los síntomas más insidiosos del pensamiento excesivo es esa sensación constante de estar *a punto de resolver algo*, pero nunca llegar. Como si cada vez que crees haber tomado una decisión, apareciera un nuevo "¿y si...?" a sabotearla. Es como intentar cerrar un círculo que, por más que lo dibujes, siempre queda abierto por un milímetro. Inconcluso. Inquieto. Inquietante.

La mente se convierte entonces en un lugar de tránsito sin destino. Cada pensamiento conduce a otro, y luego a otro más, sin que ninguno logre instalarse con claridad. No estás realmente decidiendo: estás posponiendo, revisando, reformulando. Y mientras tanto, el tiempo pasa. La vida avanza. Pero tú estás ahí dentro, girando.

Ese sobreanálisis no es una simple distracción. Tiene un efecto real sobre tu capacidad de avanzar. Cada vez que repites un pensamiento sin llegar a una conclusión clara, refuerzas un patrón: la duda como hábito. Te acostumbras a no decidir. A mirar todo desde distintos ángulos sin comprometerte con ninguno. A vivir en la potencialidad sin aterrizar en lo concreto.

La mente se convierte en una especie de mesa de reuniones perpetua, donde todas las voces internas opinan, sugieren, contradicen. Pero ninguna se atreve a cerrar el tema. Porque cerrar implica perder algo. Implica renunciar a otras posibilidades. Implica actuar. Y actuar da miedo.

Entonces sigues pensando.

Hay un tipo de retroalimentación interna que parece inteligente pero en realidad es puro estancamiento. Te preguntas si hiciste bien. Repasas lo que dijiste. Analizas lo que otros podrían haber interpretado. Reproducís escenas una y otra vez como si en alguna de esas repeticiones mágicamente apareciera una respuesta definitiva. Pero no aparece. Solo se desgasta tu capacidad de confiar en ti.

Y ahí está el verdadero daño: el pensamiento excesivo erosiona tu autoconfianza. A fuerza de revisar todo, de calcular todo, de anticipar todo, empiezas a creer que no sabes, que no puedes, que necesitas más datos, más tiempo, más pruebas. Pero lo que necesitás es más silencio. Más acción. Más presencia.

A veces, los círculos no se cierran porque estás esperando la certeza absoluta. Pero la certeza es un lujo que la vida no ofrece. Solo podemos elegir con lo que tenemos. Desde donde estamos. Sin garantías.

Lo que sí podés hacer es entrenar una nueva forma de cerrar: cerrar sin saber todo. Cerrar con miedo. Cerrar con dudas. Pero cerrar. Porque mientras sigas girando en los mismos pensamientos, no vas a avanzar. Vas a seguir sintiendo que algo falta. Y ese "algo" no es información: es decisión.

Tu mente puede seguir repitiendo. Pero tu vida no espera.

RELACIONES, TIEMPO Y VIDA

Pensar demasiado no se queda adentro. Se filtra. Se nota. Se siente.

Afecta cómo hablas, cómo te conectás, cómo trabajás, cómo amás. Porque una mente ocupada no deja espacio para el otro. Escuchás sin oír. Respondés con un ojo puesto en tus pensamientos. Te distraés en medio de una conversación importante. Pedís tiempo para pensar... y el vínculo se enfría. Se interrumpe. Pierde ritmo.

Las relaciones no funcionan bien cuando todo pasa por el filtro de tu cabeza. Necesitan espontaneidad, presencia, disponibilidad emocional. Pero si estás atrapada en tus ideas, tus dudas, tus miedos racionalizados, no estás disponible. Estás ahí físicamente, pero mentalmente en otro plano. Y eso, aunque no lo digas, se siente.

También afecta tu manera de vivir el tiempo. El pensamiento excesivo es una forma de distorsión temporal. Te lleva al pasado con arrepentimientos, revisiones, reproches. O te lanza al futuro con suposiciones, planes infinitos, miedos anticipados. Pero te quita lo único que realmente existe: el ahora.

Y ese "ahora" que se pierde, no vuelve.

Muchas veces sentís que el día no te alcanza, que todo se te escapa, que no tenés tiempo ni para respirar. Pero si mirás bien, una buena parte de ese tiempo está siendo consumido por tu mente. Por dudas que no llevan a nada. Por escenas mentales que no ocurrieron. Por diálogos que nunca se van a dar.

El problema no es la falta de tiempo. Es la falta de foco.

Pensar demasiado también te hace perderte experiencias. Te impide disfrutar de lo que ya tenés. Porque incluso en momentos lindos, tu mente se pregunta cuánto van a durar, si realmente son tan buenos, si no hay algo mejor, si no deberías estar en otra parte. Es como tener un velo entre vos y la vida. Todo pasa, pero nada te toca del todo.

Y quizás lo más doloroso: empezás a desconfiar de tu capacidad de vivir. Como si necesitaras pensar todo antes de sentirlo. Como si la mente fuera el único lugar seguro. Pero ese refugio mental se convierte en una prisión.

Tu vida no está diseñada para ser vivida en la cabeza. Está diseñada para ser sentida, equivocada, corregida, disfrutada, atravesada. Con momentos de certeza y de caos. Con errores reales, no solo imaginados. Con personas que a veces no te entienden, pero te abrazan. Con días que no salen como planeaste, pero te dejan algo.

Y eso no se piensa. Se vive.

El precio de pensar demasiado es este: te aleja del mundo real. Te desconecta de los demás. Te aparta de vos misma. Y lo hace en silencio. Sin anuncios. Sin síntomas evidentes. Hasta que un día te das cuenta de que estás agotada, sola, confundida, y no sabés bien cómo llegaste ahí.

Pero sí sabés cómo salir: volviendo al cuerpo, al presente, al vínculo real. Bajando el volumen del pensamiento. No creyéndote todo lo que tu mente dice.

Porque pensar no es el problema. El problema es no saber parar.

Hoy no está todo bien,
hoy tengo la vida desordenada,
pero sé que pronto volveré y estaré mejor,
porque la magia nace del caos.

2
TU MENTE EN MODO SUPERVIVENCIA

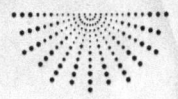

CEREBRO EN ALERTA

Cuando tu mente piensa demasiado, no lo hace solo porque le guste pensar. Lo hace porque se siente en peligro. Y lo que te parece un hábito mental, en realidad es una respuesta de supervivencia profundamente arraigada en tu sistema nervioso.

Tu cerebro no está diseñado para hacerte feliz. Su función principal es mantenerte con vida. Para eso está en alerta. Para eso anticipa, analiza, recuerda y proyecta. Desde un punto de vista evolutivo, el cerebro que sobrevive es el que se adelanta al riesgo. El que detecta peligro antes de que ocurra. El que imagina todos los "qué podría salir mal". Así, aunque vivas en un entorno seguro, tu mente puede seguir operando como si aún estuvieras en la sabana africana, con un león al acecho detrás de cada arbusto.

La protagonista de esta respuesta es una pequeña estructura dentro del sistema límbico: la amígdala. Es la parte de tu cerebro encargada de detectar amenazas. Y cuando cree que hay una, envía una señal inmediata: activar el sistema de alarma. Es rápida. No analiza. Reacciona. Da la orden de producir cortisol, la hormona del estrés, que prepara a tu cuerpo para luchar o huir.

¿Qué tiene que ver eso con pensar demasiado? Muchísimo.

Cuando la amígdala se activa con frecuencia —porque interpreta peligro incluso donde no lo hay— tu cerebro entra en lo que podríamos llamar "modo supervivencia crónico". Y en ese estado, no hay espacio para la calma, la creatividad, ni el disfrute. Solo hay espacio para el control. Para la vigilancia. Para la anticipación constante de escenarios negativos. El pensamiento excesivo es, en este contexto, una forma de intentar controlar el entorno para reducir el peligro.

Así, el análisis infinito no es solo una característica de tu personalidad. Es un mecanismo de defensa. Es tu sistema nervioso tratando de garantizar que nada te tome por sorpresa. Pero este esfuerzo tiene un costo altísimo: vivís en tensión, tu cuerpo no descansa, tu mente no se detiene.

El cortisol, cuando se mantiene elevado durante mucho tiempo, tiene efectos directos sobre tu salud mental y física. Afecta tu memoria, tu sistema inmunológico, tu sueño, tu digestión. Reduce tu capacidad de regular emociones. Y además, interfiere con la corteza prefrontal, que es la zona del cerebro encargada de tomar decisiones racionales, resolver problemas y priorizar. Es decir: cuanto más estrés hay, menos claridad tenés. Más pensás, y peor pensás.

Tu cuerpo se tensa, tus músculos se contraen, tu respiración se vuelve superficial. Y aunque nada objetivamente grave esté ocurriendo, vos lo vivís como si sí. Todo se vuelve potencialmente amenazante: una charla pendiente, un mensaje sin responder, una decisión por tomar. Todo pesa.

En ese estado, la mente se sobrecarga no porque tenga tanto que resolver, sino porque siente que no puede equivocarse. Porque confunde equivocarse con morir. Y entonces se esfuerza por evitar a toda costa el error. El pensamiento se transforma en una estrategia de vigilancia extrema.

Pero no sos perezosa, ni indecisa, ni complicada. Estás estresada. Estás en modo alerta. Tu sistema está saturado de señales de peligro. Y eso hace que pensar, lejos de ayudarte, te desgaste más.

Salir de ese estado no se trata de "pensar en positivo". Se trata de entender que tu mente no está fallando: está sobreviviendo. Solo que lo hace de una forma que ya no es útil para tu vida actual.

Tu trabajo no es pelearte con tu mente. Es ayudarla a sentirse segura.

BUCLES AUTOMÁTICOS

No todos los pensamientos son elegidos. De hecho, la mayoría se repiten sin que los invites. Son como notificaciones que aparecen sin aviso, ideas que regresan una y otra vez por caminos que tu cerebro ya conoce bien. Y lo hace así porque está tratando de ayudarte. En su lógica, repetir un pensamiento es una manera de prepararte. Una forma de prevenir errores. Un mecanismo para asegurar que no se te pase nada importante.

Pero esa ayuda se convierte en un laberinto.

Tu cerebro tiene una tendencia natural a buscar certeza. Le incomoda la ambigüedad. Quiere saber. Necesita conclusiones. Así que cuando algo queda abierto —una duda, una posibilidad, una elección pendiente— el sistema intenta cerrarlo. Pero si no puede, entra en bucle. Repite. Revisa. Reproduce. Y así, el pensamiento deja de ser herramienta y se convierte en ruido.

Estos bucles se activan muchas veces sin que te des cuenta. Tal vez estés trabajando, cocinando, caminando por la calle... y de repente tu mente vuelve al mismo tema. Al mismo dilema. A la misma conversación mental. Son rutas conocidas. Y aunque no te llevan a ningún lugar nuevo, dan una falsa sensación de control.

Otro de los motores de estos bucles es la hiperobservación. Tu cerebro escanea detalles, tonos de voz, gestos, respuestas. Analiza lo que alguien dijo —o no dijo— buscando significados ocultos. Descompone una situación hasta el extremo. Pero cuanto más observa, más interpreta. Y cuanto más interpreta, más se aleja de la realidad. Porque no estás viendo lo que pasa: estás viendo lo que creés que pasa. Y eso puede estar teñido de miedo, de experiencias pasadas, de inseguridad.

La mente en bucle también cae fácilmente en el sesgo negativo. Este es un fenómeno natural: nuestro cerebro le presta más atención a lo que puede salir mal que a lo que ya está bien. Evolutivamente tenía sentido. Pero en la vida moderna, esto te hace ver peligros donde hay simplemente incertidumbre. Te hace recordar más los errores que los logros. Y te convence de que pensar más es la solución.

Pero no lo es.

Pensar más no te da más certeza. Te da más ansiedad. Porque el tipo de certeza que buscás —la garantía de que todo va a salir bien— no existe. Vivir implica riesgo. Implica imprevisibilidad. Implica confiar sin tener todas las respuestas. Pero cuando tu mente está atrapada en estos bucles, eso suena inaceptable. Entonces sigue girando.

Y ese giro no se detiene solo.

Romper con estos patrones no significa dejar de pensar, sino crear nuevos caminos mentales. Redirigir la atención. Cortar el bucle con una acción. Conectar con el cuerpo. Estar presente en lo que sí está ocurriendo ahora mismo. Porque si no, vas a seguir repitiendo los mismos pensamientos con la esperanza de que algún día te den una paz que no pueden darte.

La paz no está en pensar más. Está en pensar diferente.

ORÍGENES BIOLÓGICOS Y APRENDIDOS

Ninguna mente empieza a pensar demasiado por gusto. Hay causas que vienen de lejos. Algunas están en tu cuerpo. Otras en tu historia. Todas cuentan.

Biológicamente, algunas personas tienen un sistema nervioso más sensible. Más reactivo. Más alerta. Y eso no es un defecto. Es una forma particular de procesar el entorno. Capta más estímulos, nota más detalles, detecta pequeñas variaciones. Pero ese nivel de percepción, cuando no se regula, puede volverse abrumador. Y ahí aparece el exceso de pensamiento como intento de organizar el caos interno.

También hay una predisposición genética. Si en tu familia hay antecedentes de ansiedad, estrés crónico o trastornos obsesivos, es posible que hayas heredado cierta tendencia a la rumiación mental. No es tu culpa. Tampoco es una condena. Pero saberlo te permite entender que no estás "fallando": estás funcionando desde una estructura que necesita herramientas distintas.

A eso se suman los aprendizajes. Desde muy chica, quizás te enseñaron —con palabras o sin ellas— que el mundo no es seguro. Que es mejor anticiparse. Que hay que portarse bien. Que equivocarse es grave. Que lo mejor es prever, calcular, evitar el conflicto. Tal vez creciste rodeada de exigencias. De padres sobreprotectores o ausentes. De adultos que no sabían cómo lidiar con sus propias emociones, y menos con las tuyas.

En ese entorno, pensar más se volvió una forma de protegerte. De complacer. De evitar errores. De entender lo que otros esperaban de vos. De encontrar un lugar seguro en una familia donde tal vez no lo había. Y eso funcionó durante años. Te salvó de mucho. Pero ahora, en tu vida adulta, ese mismo mecanismo te atrapa. Porque ya no sos esa niña. Ya no necesitás analizar todo para sobrevivir. Pero tu mente no lo sabe. Todavía actúa como si sí.

Otra raíz común del pensamiento excesivo es la hiperresponsabilidad. Esa sensación de que todo depende de vos. Que no podés fallar. Que si algo sale mal, es tu culpa. Que si no pensás todo diez veces, algo se va a descontrolar. Esa presión interna no viene sola: suele ser producto de un entorno en el que aprendiste que valías por lo que hacías, no por lo que eras. Que la calma era peligrosa. Que el error tenía consecuencias graves.

Con el tiempo, internalizás esas creencias como verdades absolutas. Y tu mente se adapta a ellas. Se vuelve tu guardiana, tu controladora, tu estratega. Pero también tu carcelera.

Y lo más duro es que te convencés de que así sos vos. Que no tenés opción. Que es tu personalidad. Pero no es cierto. No naciste con esta forma de pensar. La fuiste desarrollando como defensa. Como adaptación. Y eso significa que también podés transformarla.

Entender el origen de tu pensamiento excesivo no es buscar culpables. Es recuperar el poder. Saber de dónde viene te permite empezar a decidir hacia dónde querés ir. Porque ahora tenés otra conciencia. Otro nivel de comprensión. Y, sobre todo, tenés herramientas nuevas que vas a ir desarrollando en este camino.

Pensar menos no es pensar peor. Es pensar con libertad.

A veces siento que mi cabeza
no se calla ni un segundo,
pero empiezo a entender
que no soy lo que pienso,
y eso ya me alivia un poco.

3
CUANDO PENSAR SE CONVIERTE EN AUTOEXIGENCIA

LA TIRANÍA DEL CONTROL

Pensar demasiado puede parecer un síntoma de inseguridad, de ansiedad o de falta de claridad. Pero muchas veces, en el fondo, lo que está alimentando ese torbellino mental es una necesidad insaciable de control. De tener todo previsto. Todo organizado. Todo bajo dominio. Como si pudieras reducir el margen de error a cero si simplemente pensás lo suficiente.

Pero la vida no funciona así. Y vos lo sabés.

Lo sabés porque llevás años esforzándote por prever todo... y aún así hay cosas que se salen de tu guión. Lo sabés porque incluso cuando hacés listas, repasás conversaciones, calculás decisiones, igual sentís que no tenés el control que buscás. Y esa frustración te lleva a redoblar la apuesta: pensar más. Prepararte más. Asegurarte más.

Y ahí es donde el pensamiento deja de ser aliado y se convierte en tirano. Porque no hay cantidad de previsión que alcance para calmar ese miedo de fondo: el miedo a fallar. A equivocarte. A no estar a la altura. A no hacer suficiente. A no ser suficiente.

La tiranía del control no aparece de un día para otro. Es un hábito aprendido. Se instala lentamente, alimentada por una lógica muy extendida: la de que todo lo que vale, cuesta. Que nada puede salir bien sin esfuerzo. Que si algo se escapa de tus manos, probablemente termine mal. Que hay una manera correcta de hacer las cosas... y que tenés que encontrarla sí o sí.

Esa mentalidad, que parece responsable y madura, en realidad es una forma de agotamiento emocional constante. Te pone en un rol de vigilancia permanente. Te exige estar siempre pensando un paso más allá. Siempre cuidando los detalles. Siempre con el miedo latente de que algo se descontrole si bajás la guardia.

Y esa guardia nunca baja. Porque en el fondo, el control se ha convertido en una especie de religión mental. Una doctrina invisible que te dice cómo deberías ser, pensar, decidir, actuar, hablar, organizar, reaccionar. No importa cuántas veces la vida te haya demostrado que no todo se puede prever: tu mente insiste. Y esa insistencia se paga caro.

Se paga con cansancio. Con tensión muscular. Con dificultad para disfrutar. Con la incapacidad de improvisar, de fluir, de confiar. Porque cuando todo tiene que estar bajo control, nada puede ser espontáneo. Y vivir sin espontaneidad no es vivir: es ejecutar un plan eterno que nunca se completa.

Y acá viene lo más doloroso: el control absoluto no solo es imposible, sino que es una ilusión. No importa cuánto pienses, siempre habrá margen de error. Siempre habrá variables imprevistas. Siempre habrá cosas que se salgan de tu control. La diferencia es que ahora podés aprender a convivir con eso. A confiar en que vas a poder adaptarte. A descubrir que no necesitás controlar para estar a salvo. Que podés vivir incluso cuando no todo está resuelto.

Soltar el control no es irresponsabilidad. Es madurez emocional. Es reconocer que no sos omnipotente, ni tenés que serlo. Que podés cometer errores. Que podés aprender en el camino. Y que tu valor no depende de hacer todo perfecto, sino de animarte a vivir incluso cuando no hay garantías.

CULTURA DEL RENDIMIENTO

Pensar demasiado no ocurre en el vacío. Está alimentado por una cultura que idolatra el hacer, que mide el valor personal en función de lo que producís, resolvés o lográs. Una cultura que te premia por estar ocupada, por decir "sí" a todo, por no tomarte pausas, por dar más de lo que tenés.

Y así, el pensamiento se convierte en una herramienta más de rendimiento. Un mecanismo que no descansa porque siente que nunca alcanza. Que siempre falta algo. Que hay que ir más rápido, más lejos, más alto.

Desde muy joven, probablemente internalizaste esta lógica: que ser buena era ser eficiente. Ser inteligente era resolver rápido. Ser valiosa era ser productiva. Te felicitaron por sacar buenas notas, por hacer bien tu trabajo, por ser "la que se encarga de todo". Y vos, queriendo amor y aprobación, aprendiste a responder a esa demanda. Con esfuerzo. Con más pensamiento. Con más exigencia.

La multitarea se volvió un estilo de vida. Mientras hacés una cosa, ya estás pensando en la siguiente. Y aunque terminás el día exhausta, sentís que no hiciste lo suficiente. Porque en esta cultura del rendimiento, el descanso se vive como culpa. Y eso es una trampa mortal.

Pensar se transforma entonces en un acto automático, constante, ininterrumpido. No para reflexionar con profundidad, sino para no quedarte atrás. Para no "fallar". Para no mostrar debilidad. Pero vivir en ese estado te desconecta de lo más esencial: tu necesidad de pausa, de placer, de error, de imperfección.

Lo más cruel de esta cultura es que te convence de que tu valor depende de tu utilidad. Y cuando no estás siendo útil, cuando no estás produciendo, tu mente entra en crisis. ¿Quién soy si no estoy haciendo algo? ¿Qué valgo si no estoy resolviendo nada?

Esa ansiedad no viene de vos. Viene de un sistema que valora la eficiencia por encima del bienestar. Y el pensamiento excesivo es la consecuencia directa de esa presión invisible que te exige estar siempre "a la altura", siempre disponible, siempre lista para dar respuestas.

Pero vos no sos un procesador. No sos una máquina de rendimiento. Sos una persona. Y tu mente no está diseñada para operar sin descanso.

Desintoxicarte de esa lógica no es fácil. Implica aprender a parar sin culpa. A decir "no" sin miedo. A no dar explicaciones por cada cosa que no hacés. A quedarte en silencio incluso cuando hay cosas por resolver. A confiar en que no tenés que ganarte tu valor pensando todo el tiempo. A descubrir que, incluso en pausa, seguís siendo valiosa.

PENSAR COMO ESCUDO

Pensar no siempre es buscar soluciones. Muchas veces, pensar es evitar sentir.

Cuando una emoción duele, cuando algo te toca en lo más profundo, cuando una herida se activa, la mente aparece con su estrategia favorita: racionalizar. Analizar. Disecar cada detalle. Poner palabras donde hay sensaciones. Poner ideas donde hay miedo. Poner explicaciones donde hay dolor.

Y así, lo que podría ser una experiencia emocional profunda, se convierte en un ejercicio mental. En una narración. En un loop de ideas que, en el fondo, sirven para no conectar del todo con lo que sentís.

Este mecanismo es sutil. A veces ni siquiera te das cuenta. Estás frente a una situación que te remueve, y en lugar de quedarte con la emoción, salís corriendo hacia la cabeza. Te preguntás por qué pasó. Qué significa. Qué deberías hacer. Qué dice de vos. Qué aprendiste. Qué harás la próxima vez. Pero todo eso ocurre en un plano abstracto. Lejos del cuerpo. Lejos del corazón.

Pensar se convierte en un escudo. Uno elegante, inteligente, muy funcional. Porque te protege. Te mantiene a salvo de lo que no querés sentir. De la tristeza, la rabia, la vulnerabilidad, el miedo. Emociones que en algún momento aprendiste a reprimir, a juzgar, a esconder. Porque quizás llorar no estaba permitido. Porque en tu casa nadie hablaba de lo que dolía. Porque expresar enojo era peligroso. Porque mostrarte confundida no era opción.

Entonces, la mente aprendió a intervenir. Cada vez que algo se activa emocionalmente, ella llega con su manual. Te ofrece teorías. Te repite frases. Te analiza. Y lo hace con tanto detalle que la emoción queda encapsulada. Atrapada. Silenciada.

Pero el cuerpo no olvida. Y tarde o temprano, lo que no sentís, se transforma en síntomas. Ansiedad. Insomnio. Cansancio. Tensión. Incomodidad difusa. Porque lo que reprimís emocionalmente no desaparece: se guarda en el cuerpo hasta que lo escuchás.

Pensar puede ser una forma de autoprotección. Pero también puede ser una forma de parálisis funcional. Te mantiene en la superficie. Te da la sensación de estar haciendo algo... cuando en realidad estás evitando lo único que te liberaría: atravesar la emoción.

No se trata de dejar de pensar. Se trata de saber cuándo el pensamiento se volvió un escudo. Y de poder bajarlo. Respirar. Sentir. Dejar que la tristeza llegue. Que el enojo hable. Que el miedo se exprese. Aunque duela. Porque duele mucho más vivir protegiéndote de todo lo que podrías sentir.

Este no es un proceso cómodo. Pero es el único que permite sanar. Porque lo que sentís es real, aunque no lo pienses. Y tu cuerpo ya lo sabe.

Me exigí tanto que
me olvidé de tratarme bien.
Hoy empiezo a soltar esa carga,
aunque me cueste.
No quiero vivir toda
la vida corrigiéndome.

4
MÁS ALLÁ DE TUS PENSAMIENTOS

DISTINGUIRTE DE TU MENTE

Estás tan acostumbrada a vivir dentro de tu cabeza que es posible que nunca te hayas detenido a hacer esta pregunta: ¿Quién está pensando? No en el sentido filosófico abstracto, sino desde un lugar profundamente práctico. ¿Quién está detrás de ese flujo constante de pensamientos que va y viene sin descanso? ¿Quién observa lo que pensás?

Esa pregunta puede parecer simple, pero tiene un poder transformador. Porque el día que empezás a darte cuenta de que no sos tus pensamientos, todo cambia. Literalmente todo. No desaparecen las ideas, no se detiene tu mente, pero empezás a tomar distancia. Dejás de identificarte con cada frase que aparece, con cada suposición, con cada juicio. Y en esa separación, nace algo nuevo: tu "yo" observador.

Ese "yo" no necesita pensar para existir. No necesita argumentar, probar, ni convencer. Solo está. Observa. Nota. Es testigo silencioso del torbellino mental sin quedar atrapado en él. Es la parte de vos que puede decir: "Ahí va mi mente otra vez, dándole vueltas al mismo tema". Y al mismo tiempo, elegir no reaccionar.

Esa distancia no es frialdad ni indiferencia. Es conciencia. Es el primer paso para liberarte del automatismo mental. Porque cuando no sos consciente de tus pensamientos, ellos te llevan donde quieren. Te atrapan. Te arrastran. Te hacen creer que todo lo que pensás es verdad, urgente, personal, grave. Pero cuando empezás a observarlos sin fundirte con ellos, tu mundo interno cambia. No porque desaparezca el ruido, sino porque vos ya no te identificás con él.

Este cambio es sutil, pero profundo. Es como pasar de estar adentro de una tormenta a mirar la tormenta desde una ventana. Sentís su intensidad, escuchás los truenos, pero ya no te empapás. No estás a merced del caos. Y esa diferencia lo cambia todo.

Para desarrollar ese "yo" observador no hace falta ser experta en meditación ni tener años de práctica espiritual. Basta con empezar a notar. Con darte cuenta, por ejemplo, de que estás en una conversación mental contigo misma, y que podés pausar. Que estás imaginando una catástrofe y podés decirte: "Esto es solo un pensamiento". Que estás reviviendo una escena del pasado y podés reconocerlo sin enredarte.

El gran error es creer que vos y tu mente son lo mismo. Que si pensás algo negativo, ese pensamiento te define. Que si se repite una idea angustiante, significa algo profundo. Pero la verdad es que tu mente produce pensamientos como tus pulmones producen respiración: es una función automática. No todos los pensamientos tienen sentido. No todos necesitan ser atendidos. Y no todos son tuyos, en el sentido profundo de la palabra.

Tu mente tiene rutinas. Tiene condicionamientos. Tiene asociaciones aprendidas. Y eso hace que muchas veces repita cosas que ni siquiera elegiste. Pero vos sí podés elegir cómo responder a eso. Y ese poder nace en el momento en que te distinguís de tu mente. Cuando te das cuenta de que podés verla actuar... sin convertirte en ella.

Ese es tu primer acto de libertad.

PENSAMIENTOS ≠ REALIDAD

Una de las trampas más peligrosas del pensamiento excesivo es creer que lo que pensás es verdad. Como si todo lo que aparece en tu mente viniera con un sello de autenticidad. Como si el solo hecho de pensarlo lo hiciera válido, lógico, certero. Pero no es así. De hecho, muchísimos de tus pensamientos son falsos, exagerados, incompletos o directamente absurdos.

La mente interpreta. No registra la realidad tal como es. La filtra. La recorta. La llena de significados según tu historia, tus heridas, tus creencias. Y muchas veces, lo que pensás no tiene nada que ver con lo que está pasando afuera, sino con lo que se está activando adentro.

Por eso es tan importante aprender a cuestionar tus pensamientos, a despegarlos de la categoría de "verdad". Porque si no lo hacés, vivís reaccionando a ideas que no se sostienen. Te sentís culpable por cosas que no hiciste. Te angustian escenarios que no existen. Te limitás con creencias que no son tuyas. Te defendés de ataques que nadie hizo.

Una creencia limitante no necesita ser real para condicionarte. Solo necesita que vos la creas. Si tu mente repite que "nunca lo vas a lograr", y vos no cuestionás eso, empezás a vivir como si fuera cierto. Tomás menos riesgos. Te autosaboteás. Bajás tus expectativas. Y al final, lo que era solo una idea termina cumpliéndose… pero no porque fuera verdad, sino porque la hiciste verdad con tus acciones.

Esto no significa negar la mente. Significa aprender a verla con otros ojos. A decir: "Esto es solo un pensamiento". "Esto es una interpretación, no un hecho". "Esto es lo que aprendí, pero puedo aprender otra cosa". Porque ahí empieza tu libertad. No en controlar lo que pensás, sino en no creerte todo lo que pensás.

Hay pensamientos que vienen disfrazados de lógica, pero están cargados de miedo. Otros parecen bienintencionados, pero en realidad te sabotean. Y otros simplemente repiten voces ajenas: frases que te dijeron, ideas que absorbiste, mandatos que ni siquiera sabías que tenías.

Y cuanto más pensás, más difícil se vuelve distinguir qué es tuyo y qué no. Por eso es clave empezar a hacer espacio. A observar sin absorber. A permitir que la mente hable, sin darle siempre la última palabra.

Un pensamiento es solo eso: una posibilidad mental, no una sentencia. Y vos tenés derecho a preguntarte: ¿esto me sirve? ¿me acerca a lo que quiero? ¿me hace bien?

Si la respuesta es no, podés soltarlo. Porque no todo pensamiento merece tu atención. Ni tu energía. Ni tu obediencia.

ESPACIO MENTAL LIBRE

Tu mente necesita lo mismo que tu casa: vaciarse de vez en cuando. Deshacerse del exceso. Hacer lugar. Porque cuando todo está lleno, no entra nada nuevo. Ni ideas, ni inspiración, ni calma. Y eso también pasa en tu cabeza.

Pero vivimos tan acostumbradas al ruido que el silencio interno nos asusta. Nos parece vacío. Inutilidad. Pérdida de tiempo. Como si pensar sin parar fuera una forma de existir. Como si dejar la mente en blanco fuera una señal de flojera o ignorancia.

Nada más lejos de la verdad.

El silencio mental no es vacío. Es espacio. Es descanso. Es la base sobre la que puede construirse algo nuevo. Porque una mente saturada solo puede repetir. Y vos no querés repetir: querés transformar.

Para eso, hace falta espacio. No necesariamente para llenar con cosas mejores, sino para dejar de sostener lo que ya no te sirve. Porque muchos de tus pensamientos son simplemente ruido de fondo. Frases que se repiten sin sentido. Ideas automáticas. Suposiciones que arrastrás hace años. Y si no aprendés a darles espacio, te arrastran ellas a vos.

Ese espacio mental no se logra pensando mejor, ni más rápido, ni más eficiente. Se logra no pensando por un rato. O, mejor dicho, no creyendo que tenés que procesarlo todo todo el tiempo. Es permitirte estar. Sin necesidad de entender. Sin necesidad de resolver. Solo estar.

Puede ser en el cuerpo. En la respiración. En una mirada atenta a lo que te rodea. En un momento sin estímulos. En una pausa sin culpa. En una caminata sin auriculares. En un minuto de nada.

Ahí empieza el espacio.

Y en ese espacio, algo más profundo puede emerger. No una idea, no una solución, sino una conexión con vos misma. Con lo que sentís. Con lo que necesitás. Con lo que está vivo en vos más allá del pensamiento.

Desapegarte de la mente no es abandonarla. Es reconocer que no todo pasa por ahí. Que hay sabiduría en el cuerpo, en la emoción, en el silencio. Que no siempre tenés que entender para saber. Ni pensar para existir.

Una mente libre no es una mente vacía: es una mente no secuestrada por el miedo, el control, la exigencia. Es una mente que puede parar. Respirar. Escuchar. Crear. Y sobre todo, elegir en qué quiere pensar y en qué no.

Y eso no es utopía. Es práctica. Es decisión. Es un proceso que empieza cuando dejás de identificarte con cada pensamiento, cuando te animás a cuestionar tus creencias, cuando te das permiso para no llenar cada momento con ideas.

Porque el pensamiento no es el problema. El problema es creer que siempre tiene que haber uno.

No necesito tener todo claro
para estar en paz.
Solo necesito dejar espacio
para lo que siento,
y confiar un poco más
en lo que soy.

5
OBSERVAR SIN REACCIONAR

ATENCIÓN PLENA Y SUAVIDAD

Tu mente tiene el reflejo automático de opinar sobre todo lo que ve. Clasifica, interpreta, reacciona. Si aparece una emoción, enseguida busca una explicación. Si ocurre algo inesperado, intenta etiquetarlo como bueno o malo. Si sentís incomodidad, rápidamente quiere corregirla. Y esa velocidad —esa urgencia— es lo que mantiene en marcha el bucle del pensamiento excesivo. Porque cuando todo necesita una respuesta inmediata, nunca hay espacio para simplemente observar.

Pero hay otra forma de estar con lo que pasa. Una forma menos reactiva, más suave, más humana. Observar sin modificar. Notar sin intervenir. Estar sin tener que hacer. Esa es la práctica de la atención plena. Y no tiene nada que ver con estar iluminada, ni con vaciar la mente, ni con sentarte en posición de loto. Tiene que ver con estar presente con lo que hay, tal como es, sin la necesidad de arreglarlo.

Cuando llevás años creyendo que tenés que controlar todo, esta práctica puede parecer contraintuitiva. Porque el hábito que se activa enseguida es el de "hacer algo": pensar más, entender más, resolver. Pero no todo necesita solución. Hay cosas que solo necesitan ser vistas. Con paciencia. Con suavidad. Con curiosidad.

No es fácil. Porque al principio aparece la incomodidad. Querés intervenir. Querés corregir. Querés escapar del silencio. Pero si te quedás un poquito más, algo cambia. Descubrís que podés observar sin juzgar. Que no hace falta mejorar cada pensamiento. Que no todas las emociones necesitan un porqué. Que podés respirar y mirar. Y eso —parece poco— es muchísimo.

La suavidad es revolucionaria para una mente adicta al control. Porque rompe el patrón de exigencia, de dureza interna, de rendimiento constante. Es una forma nueva de tratarte: no desde el deber, sino desde el cuidado. No desde la impaciencia, sino desde la presencia.

Eso no significa dejarte estar. No significa resignarte. Significa que podés dejar de reaccionar ante cada cosa que sentís como si fuera una emergencia. Podés simplemente permitir. Darte cuenta de que esa incomodidad pasará. Que ese pensamiento no te define. Que esa emoción no es peligrosa. Y que no tenés que resolverlo todo ya.

Observar sin reaccionar te devuelve el poder. Porque en lugar de responder desde el impulso automático, empezás a elegir cómo estar con eso que aparece. Y ahí nace la libertad real. No en controlar lo que llega, sino en cómo lo habitás.

TU MENTE COMO ESPEJO

Imaginá por un momento que tu mente es un espejo. No un proyector, no un juez, no un filtro. Solo un reflejo. Refleja lo que ve, lo que sentís, lo que vivís. Sin agregar, sin modificar. Así, simple. ¿Qué pasaría si pudieras relacionarte con tus pensamientos desde ahí?

El problema es que aprendiste a mirar tu mente como si fuera un oráculo. Como si cada pensamiento tuviera una verdad profunda, una conclusión inevitable, un juicio certero. Pero en realidad, muchos de esos pensamientos no son más que ecos de tu estado interno. No dicen nada nuevo. No anticipan el futuro. Reflejan lo que está vivo en vos ahora.

Cuando estás cansada, tu mente te muestra imágenes de fracaso. Cuando estás insegura, aparecen pensamientos de rechazo. Cuando estás triste, recordás todo lo que salió mal. No porque sea verdad, sino porque ese es el reflejo emocional del momento. Y si no lo sabés ver, caés en la trampa. Te lo creés. Te identificás. Reaccionás.

Pero si sabés que tu mente es un espejo, podés observar lo que aparece sin enredarte. Podés decirte: "Ah, estoy viendo esto porque me siento así". No porque sea real. No porque tenga que hacer algo al respecto. Solo porque eso está en mi campo emocional ahora.

Es como si prendieras la radio y justo suena una canción triste. ¿La tristeza está en vos? ¿En la radio? ¿En la canción? No importa. Lo importante es que podés escucharla sin hacerla tu himno personal. Podés dejarla sonar sin que determine tu día. Lo mismo con tus pensamientos. Podés dejarlos pasar como nubes. Como ondas. Como reflejos.

Esto requiere práctica. Porque la mente tiene el impulso de interpretar, de engancharse, de actuar. Pero si cultivás ese espacio entre lo que pensás y lo que hacés, empezás a notar algo mágico: muchos pensamientos desaparecen cuando no los alimentás.

Tu mente es un espejo, sí. Pero eso no significa que lo que refleja seas vos. Es solo una imagen. Un momento. Un estado. Y como todo estado, pasa.

Cuanto más te entrenás en ver tu mente así, más liviana se vuelve tu experiencia interna. No porque no haya pensamientos difíciles, sino porque ya no te los ponés encima como si fueran una mochila que hay que cargar todo el día.

Observar la mente como reflejo no te aleja de vos. Te acerca. Porque empezás a ver lo que realmente necesitás. No lo que tu mente grita, sino lo que tu cuerpo susurra. No lo que el pensamiento dice, sino lo que la emoción señala. Y desde ahí, podés actuar con más claridad.

No es control. Es conciencia.

REGISTRO CONSCIENTE

Observar sin reaccionar no significa olvidar. Significa registrar con presencia. Porque si solo ves pasar tus pensamientos como trenes en una estación, pero no tomás nota de cuáles se repiten, de cuáles te afectan, de cuáles aparecen en ciertos momentos, te perdés una información valiosa: tus propios patrones.

El registro consciente es una herramienta poderosa porque transforma el hábito mental en conocimiento profundo. No se trata de anotar cada cosa que pensás, sino de empezar a detectar tus rutas mentales más habituales, como quien reconoce un paisaje por el que pasa todos los días.

Por ejemplo, quizás notás que cada vez que te enfrentás a una decisión, aparece el pensamiento "seguro me voy a equivocar". O que cada vez que alguien no te responde rápido, tu mente empieza con "algo hice mal". Esos pensamientos no son aislados. Son pistas. Marcas de un sistema interno que necesita ser visto, no para cambiarlo inmediatamente, sino para entender desde dónde opera.

Registrar no es juzgar. No es buscar la raíz profunda de todo. Es mirar con curiosidad. Anotar, por ejemplo, "hoy apareció tres veces el pensamiento de que no soy suficiente". O "noté que cuando me siento sola, aparecen ideas de fracaso". Es simplemente poner luz sobre lo que suele actuar en la sombra.

Y cuanto más luz ponés, menos poder tienen esos pensamientos sobre vos. Porque ya no te sorprenden. Ya no entran disfrazados. Ya sabés quiénes son. Y eso cambia todo.

Podés llevar este registro en un cuaderno, en notas del celular, en la mente si estás muy presente. Pero lo clave es que sea un acto consciente, breve, sin drama. Como quien anota el clima del día: "Hoy, lluvia interna. Pensamientos de comparación. Tensión en el pecho. Necesidad de aprobación". Así, simple. Directo. Real.

Con el tiempo, empezás a ver patrones. Y esos patrones te cuentan mucho más sobre vos que cualquier análisis teórico. Te muestran en qué momentos tu mente se activa más. Qué tipo de pensamientos aparecen según tu estado emocional. Cuáles son tus detonantes. Cuáles son tus rutas más frecuentes.

Y ahí aparece el poder de elección. Porque si sabés que después de una crítica tu mente va a tender a atacarte, podés prepararte. Podés darte algo diferente. Podés elegir una respuesta distinta.

El registro consciente no es un control mental. Es una forma de intimidad con vos misma. De honestidad. De cuidado. Porque cuando sabés qué pensamientos te visitan más seguido, también sabés qué heridas están pidiendo atención.

Y eso, aunque sea incómodo, es el inicio de una transformación real. Porque no cambiás lo que no ves. Pero cuando lo ves, y lo registrás, ya no sos la misma. Ya no reaccionás igual. Ya no vivís en piloto automático. Te volvés presencia.

Observar, reflejar, registrar. Esa es la secuencia. No para convertirte en una vigilante interna, sino para dejar de vivir a merced de lo que pensás. Y empezar a vivir desde lo que sos.

No tengo que huir
cada vez que algo duele.
Puedo quedarme, mirarlo de frente
y seguir respirando.
Sé que voy a estar bien.

6
RESPIRAR PARA SALIR DEL BUCLE

RESPIRACIÓN Y SISTEMA NERVIOSO

Tu respiración es el puente más directo entre tu mente y tu cuerpo. No se trata de una metáfora: es fisiología pura. Cada inhalación y cada exhalación activan respuestas inmediatas en tu sistema nervioso, y eso influye en cómo pensás, cómo sentís, cómo reaccionás. Pero cuando vivís atrapada en la cabeza, la respiración se vuelve automática, invisible, superficial. Respirá sin darte cuenta, como si no tuviera importancia. Y sin embargo, es justo ahí donde está una de tus herramientas más poderosas para salir del pensamiento excesivo.

El pensamiento obsesivo no es solo un problema de mente. Es un estado corporal completo. Tu corazón se acelera. Tus músculos se tensan. Tus pupilas se dilatan. Tu digestión se enlentece. Todo tu cuerpo entra en "modo alerta", gobernado por el sistema nervioso simpático. Es como si estuvieras corriendo una maratón... pero sin moverte del sillón. Solo con la fuerza del miedo, la proyección, la duda.

Y acá es donde entra la respiración: no como una técnica esotérica, sino como una palanca neurofisiológica que te permite salir de ese estado. Porque cuando respirás de forma consciente, lenta y profunda, activás el sistema nervioso parasimpático. Ese es el sistema del descanso, la restauración, la seguridad. Es el encargado de decirle a tu cuerpo: "Ya podés bajar la guardia. No estás en peligro. Podés soltar."

No hace falta hacer yoga ni meditar una hora al día para acceder a esto. Basta con detenerte y respirar con intención durante unos segundos. Sentir el aire entrar. Notar el abdomen moverse. Soltar el aire más lento de lo que lo tomaste. Repetir. Eso es suficiente para enviarle a tu sistema un mensaje completamente distinto al que recibe cuando estás pensando sin parar.

Lo increíble es que este recurso lo llevás puesto. No cuesta nada. No requiere preparación. No depende de nada externo. Solo de tu decisión de volver al cuerpo. De salir del pensamiento por un momento y entrar en la experiencia física del ahora.

Además, cuando respirás de forma consciente, tu foco atencional se desplaza. Y eso es clave para interrumpir bucles mentales. Porque no podés estar al mismo tiempo atenta a la respiración y atrapada en el pensamiento. Una cosa desplaza a la otra. Y aunque sea solo por unos segundos, ese corte es una interrupción del automatismo. Un respiro literal y simbólico.

La mente sobrecargada necesita oxígeno. Y no solo el que va a tu cerebro: necesita el oxígeno que da la pausa, la presencia, la conexión con algo que no sea el próximo pensamiento. Y eso se construye, una respiración consciente a la vez.

Tu respiración no es un detalle. Es tu ancla más inmediata. Tu botón de pausa. Tu forma más directa de recordarle a tu cuerpo que no tiene que correr si no hay peligro real.

PAUSA INTENCIONAL

Una cosa es detenerse porque algo te interrumpe. Otra muy distinta es decidir pausar con intención. Esa es la diferencia entre vivir en modo reactivo y vivir en modo consciente. Y cuando pensás demasiado, la pausa no surge sola. Tenés que entrenarla. Elegirla. Incorporarla como un hábito interno que no depende de si el día va bien o mal, sino de tu voluntad de salir del piloto automático.

La pausa intencional no es ocio. No es pérdida de tiempo. Es un acto de autoescucha radical. Es cuando decís: "Antes de seguir, necesito volver a mí". Es abrir un espacio entre lo que estás sintiendo y lo que vas a hacer. Es crear un momento propio en medio del caos, aunque sea de 30 segundos.

En ese instante no se trata de resolver. Ni de entender. Ni de planear. Solo de estar. De cerrar los ojos si podés. De bajar la velocidad. De inhalar por la nariz, sostener un par de segundos, exhalar lento. Y repetir. Esas tres respiraciones conscientes pueden hacer más por tu claridad que diez horas de análisis mental.

Porque en ese microespacio, el cuerpo se regula. La mente se relaja. La perspectiva se amplía. Es como si limpiaras el lente empañado con el que estabas mirando todo. Y entonces las decisiones, los diálogos, las emociones, se sienten distintas. No porque hayan cambiado, sino porque cambiaste vos.

La pausa también es un gesto simbólico: le dice a tu sistema interno que no todo es urgente. Que podés esperar. Que tenés derecho a parar sin tener todo resuelto. Que no sos menos responsable por tomarte un momento. Todo lo contrario: sos más lúcida, más disponible, más alineada.

Implementar estas pausas no requiere rituales complejos. Se trata de encontrar micro-espacios dentro del día en los que recordás detenerte. Puede ser antes de una conversación difícil. Después de recibir un mensaje que te sacude. Al terminar una tarea intensa. Antes de acostarte. O simplemente cuando notás que tu mente está girando sin parar.

Y no hace falta hacerlo perfecto. Hace falta hacerlo. Respirar. Soltar los hombros. Poner una mano en el pecho. Estar ahí. Por un instante. Eso, repetido cada día, va generando un nuevo ritmo interno. Uno menos reactivo. Menos acelerado. Más humano.

El pensamiento excesivo no se corta por fuerza. Se interrumpe por presencia. Y cada pausa intencional es una declaración: no quiero vivir más desde la urgencia. Quiero elegir. Quiero volver.

HÁBITOS SENSORIALES

Tu cuerpo tiene una sabiduría que tu mente no puede alcanzar. Percibe cosas que no sabés nombrar. Capta señales sutiles. Te dice cuándo algo está mal, aunque no lo puedas explicar. Pero cuando estás demasiado en la cabeza, ese canal se tapa. Ya no sentís. No notás. No escuchás.

Y ahí es donde entran los hábitos sensoriales: prácticas simples que te devuelven al cuerpo, al presente, a la experiencia directa. No se trata de cambiar toda tu rutina ni de volverte una experta en mindfulness. Se trata de volver a sentir el mundo con tus sentidos, como cuando eras chica. Sin filtros. Sin interpretación. Solo estar.

Por ejemplo, caminar sintiendo cada paso. No con auriculares, no pensando en lo que viene. Solo caminar. Escuchar los sonidos. Sentir la presión de los pies contra el suelo. La temperatura del aire. El movimiento de tu cuerpo. Eso, que parece simple, tiene un poder enorme para cortar la rumiación mental.

También podés usar el tacto. Agua fría en las manos. Un objeto con textura. El contacto de una manta suave. Algo físico que te saque del pensamiento y te ancle en la sensación. O el olfato. Un aroma que te guste. Un perfume que asocies con calma. Una esencia natural. No como distracción, sino como puente hacia lo sensorial.

La respiración en movimiento es otra puerta. No solo sentada. También mientras te estirás. Mientras bailás. Mientras hacés una pausa activa en medio del trabajo. No necesitás una rutina larga. Solo intención. Movimiento consciente. Respiración unida al gesto. Como si le dijeras al cuerpo: "Estoy acá. Estoy con vos. No todo está en la cabeza."

Estas prácticas no son superficiales. Son profundamente reguladoras. Porque sacan a tu sistema del bucle cognitivo y lo llevan al terreno de lo real. De lo inmediato. De lo que se puede tocar, oler, oír, sentir. Y desde ahí, la mente se reconfigura. Baja un cambio. Se reorganiza sin que tengas que hacer fuerza.

Pensar menos no es solo una decisión interna. Es un entrenamiento físico. Porque cuanto más habitás tu cuerpo, menos espacio tiene la mente para fabricar historias innecesarias. Se reordena sola. Se relaja. Se silencia.

No subestimes el poder de lo simple. Tres minutos de respiración consciente. Una caminata presente. Un aroma que te ancla. Un estiramiento en silencio. Pequeños hábitos sensoriales que, repetidos cada día, van vaciando la mente sin que tengas que luchar contra ella.

No necesitas huir de tus pensamientos. Solo tenés que volver a sentir.

Cuando todo parece desordenado,
volver a mi respiración es mi refugio.
Aunque afuera haya caos,
adentro puedo construir calma.

7
ELEGIR EN LUGAR DE PENSAR

ACCIÓN SIN DUDAS

Hay momentos en los que pensar más no aporta claridad, sino confusión. Lo sabés. Lo vivís. Cuanto más vueltas le das a un tema, más alternativas surgen, más dudas se abren, más escenarios se multiplican. Y en esa proliferación mental de posibilidades, lo único que realmente se pierde es la acción. Quedás suspendida en el análisis como si resolverlo todo fuera requisito para moverte. Pero no lo es.

No necesitás más certezas. Necesitás dar el primer paso.

Eso es lo que interrumpe el bucle. No una nueva idea, no una respuesta perfecta, sino una microdecisión consciente que te saque del plano mental y te devuelva al plano real. Una acción concreta, pequeña, inmediata. No la ideal. No la definitiva. Solo una que puedas hacer ahora mismo, sin esperar a entenderlo todo.

Esa es la paradoja: la claridad no precede a la acción, la sigue. No aparece por pensar más, sino por comprometerte con un movimiento. Y cuando lo hacés, algo se destraba. Algo en tu sistema interno reconoce que no necesitabas garantías. Solo necesitabas confiar lo suficiente como para avanzar un poco, aunque sea en la niebla.

Pensar se convierte en parálisis cuando usás la mente para evitar elegir. Porque elegir implica renunciar. Y renunciar da miedo. ¿Y si me equivoco? ¿Y si hay una opción mejor? ¿Y si después me arrepiento? Pero esa pregunta te deja atrapada en un territorio que no existe: el de lo hipotético. Y mientras tanto, la vida real sigue corriendo, sin que vos estés del todo dentro de ella.

La solución no es impulsividad. No es hacer por hacer. Es algo mucho más maduro: es tomar decisiones pequeñas desde la voluntad de avanzar, no desde la obligación de acertar. Porque el acierto viene después, cuando mirás en retrospectiva y te das cuenta de que al menos algo se movió. Y moverse, en esta etapa, es más valioso que acertar.

Te equivocaste muchas veces. Y sobreviviste. Elegiste mal. Y aprendiste. Dudaste. Y volviste a empezar. No necesitás más pruebas de que podés con lo que venga. Lo que necesitás ahora es recuperar la confianza en tu capacidad de actuar sin certezas absolutas.

Porque pensar es solo una parte del proceso. Pero cuando se convierte en excusa para no elegir, te aleja de lo único que transforma las cosas: los hechos. Una llamada. Una palabra dicha. Una cita agendada. Un "sí" o un "no" que no espera más.

Las microdecisiones no cambian todo de golpe, pero generan inercia. Cambian tu relación con vos misma. Te muestran que no estás atada. Que no dependés de que todo esté claro. Que podés avanzar mientras seguís aprendiendo. Y en ese movimiento se genera confianza. La verdadera, la que no viene de estar segura, sino de saber que podés sostenerte incluso cuando no lo estás.

Elegir es un acto de presencia. Es un "estoy acá" dicho con el cuerpo. Es una forma de habitar tu vida sin seguir pidiéndole permiso a tu mente.

FOCO CON INTENCIÓN

No todo lo que pensás merece tu atención. No todo lo que ocurre en tu entorno merece tu energía. No todo lo que podrías hacer merece ser hecho. Y cuando tu mente está sobrecargada, este filtro se pierde. Vivís en estado de dispersión. Respondés a todo. Te abrís a todo. Tratás de resolver lo que no es tuyo. Intentás complacer, prever, organizar, abarcar. Y eso no es generosidad. Es agotamiento.

La solución no está en hacer menos, sino en hacer lo que realmente importa. Y para eso, necesitás foco. Pero no un foco rígido, productivo, mecánico. Un foco con intención. Con sentido. Con alineación. Que nazca de tus valores, de tus necesidades reales, de tu deseo profundo.

El pensamiento excesivo muchas veces es un reflejo de que estás enfocando tu energía en lugares que no la devuelven. Estás gastando atención en preocupaciones ajenas, en futuros que no existen, en comparaciones que solo te debilitan. Y ahí no hay claridad posible. Solo ruido. Solo dispersión.

El foco con intención empieza por una pregunta simple: ¿qué sí y qué no? No desde el deber, sino desde la autenticidad. ¿Qué conversaciones quiero tener hoy? ¿Qué vínculos merecen mi tiempo? ¿Qué decisiones necesito priorizar? ¿Qué puedo soltar?

No se trata de hacer listas interminables, ni de ser productiva todo el tiempo. Se trata de dirigir tu mirada hacia lo que sostiene tu vida, no lo que la drena. Y eso requiere coraje. Porque implica decir "no". Implica decepcionar expectativas. Implica sostener tu elección cuando otros quieren otra cosa. Pero también te devuelve poder. Libertad. Claridad real.

Y cuando tenés foco, el pensamiento se ordena. Deja de ser un mar de ideas y se convierte en una dirección. Las decisiones ya no se sienten como una montaña, sino como una secuencia. Lo importante se ve más nítido. Lo accesorio deja de gritar.

Este cambio no es mental. Es emocional. Porque el foco no es solo una cuestión de agenda: es una jerarquía interna. No todo lo que te preocupa es igual de importante. No todo lo que sentís es igual de urgente. Tenés derecho a priorizar. A discernir. A elegir qué merece tu tiempo y qué no.

Y esa claridad no se construye pensando más. Se construye sintiendo qué tiene sentido para vos hoy. Con honestidad. Con presencia. Con una cuota de coraje para soltar lo que ya no te representa.

El foco no es una técnica de eficiencia. Es una declaración de identidad. Es decirte a vos misma: "Esto es lo que elijo cuidar. Esto es lo que me importa. Lo demás, puede esperar."

CLARIDAD EN EL PRESENTE

La mente ama proyectar. Imagina escenarios futuros. Calcula consecuencias. Intenta anticipar todo lo que podría salir mal. Y mientras hace eso, te arrastra lejos del único lugar donde tenés verdadero poder: el ahora.

No es solo una frase bonita. Es realidad pura. La claridad que necesitás no vive en el futuro: se construye en el presente. En el paso que podés dar hoy. En la acción que tenés a mano. En la emoción que podés sostener ahora mismo.

Cuando tu mente te lleva demasiado lejos, todo se vuelve grande, complejo, abrumador. ¿Qué voy a hacer con mi vida? ¿Y si esto no funciona? ¿Y si dentro de un año me arrepiento? Pero la respuesta a todas esas preguntas no está allá. Está acá. En la próxima palabra que vas a decir. En la próxima decisión mínima que podés tomar. En el momentum real que generás cuando dejás de pensar y empezás a actuar.

El presente no necesita grandes planes. Necesita honestidad. Necesita que te escuches. Que registres qué está pasando ahora. Qué sentís. Qué necesitás. Qué podés hacer con eso. Nada más. Nada menos.

Y lo increíble es que cuando te enfocás en lo que tenés delante, lo demás se ordena. Porque la mayoría de las veces no necesitás resolver toda tu vida: solo necesitás dar el próximo paso. Uno solo. Y después otro. Y después otro. Así se construye el camino. No en la mente, sino en la realidad vivida.

No importa si el paso es pequeño. No importa si no sabés qué viene después. Lo único que importa es que esté en sintonía con lo que querés hoy. No con lo que creés que deberías querer. No con lo que otros esperan. Con lo que vos sabés, muy adentro, que necesitás ahora.

La claridad no es una visión total. Es una certeza breve pero suficiente para avanzar. Es cuando decís: "Esto sí lo sé. Esto sí lo puedo hacer. Esto sí lo quiero ahora." Y desde ahí, todo lo demás se construye.

Cuanto más te quedás en el presente, menos necesidad tenés de controlar el futuro. Porque empezás a confiar en tu capacidad de responder cuando llegue. De adaptarte. De elegir desde ahí. No desde la proyección mental, sino desde la experiencia directa.

Y eso no te vuelve irresponsable. Te vuelve libre.

La mente te va a seguir tentando a pensar más. A buscar garantías. A posponer. Pero vos podés elegir otra cosa. Podés volver al cuerpo, al momento, al paso inmediato. Una y otra vez. Porque ahí está tu poder. No en entender todo, sino en estar disponible para vivir lo que está pasando.

Eso es claridad real. No saber todo. Saber lo que importa ahora.

No sé qué va a pasar mañana,
pero hoy pude tomar una decisión
sin pensarlo mil veces.
Y eso, para mí, ya es un milagro.

SOLTAR NO ES RENDIRSE

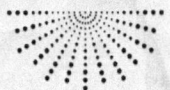

PERMITIR EN VEZ DE FORZAR

Estás tan acostumbrada a empujar, a resistir, a controlar, que la sola idea de permitir puede parecerte peligrosa. Como si aflojar el control fuera equivalente a perder el rumbo. Como si dejar que algo suceda sin intervenir fuera un signo de debilidad, de pasividad, de derrota. Pero permitir no es rendirse. Es soltar la tensión que te enferma, no la dirección que te guía.

La mente que piensa demasiado está atrapada en la lógica del esfuerzo constante. Cree que si no insiste, si no aprieta, si no resuelve, todo se desmorona. Pero lo que se desmorona muchas veces es justo lo que estás sosteniendo a la fuerza. Lo que ya no te sirve. Lo que ya venció. Lo que ya mostró sus límites. Y vos seguís ahí, empujando, sosteniendo, forzando... pensando.

Permitir es dar espacio. Es reconocer que no todo depende de vos. Que hay ritmos que no podés apurar. Que hay emociones que necesitan tiempo. Que hay procesos que se cocinan lento. No todo tiene que tener una respuesta hoy. No todo necesita ser entendido ya. No todo necesita solución inmediata.

Tu mente se alimenta de urgencia porque cree que solo así puede controlar el dolor. Pero muchas veces, lo único que logra es profundizarlo. Porque al evitarlo, lo niega. Y lo que se niega, persiste.

Permitir es decirte: "Esto está pasando. No me gusta. Me duele. Me asusta. Pero está pasando." Y en ese reconocimiento hay una dignidad inmensa. Una fuerza tranquila que no lucha contra la realidad, pero tampoco se entrega sin criterio. Solo elige no desgastarse en lo que no puede cambiar.

No se trata de resignarte. Se trata de colaborar con lo que es. De poner tu energía donde realmente podés influir. Y eso casi nunca es en el otro. Casi nunca es en el resultado. Casi nunca es en lo externo. Es en vos. En cómo estás con lo que hay. En cómo acompañás tu proceso. En cómo respirás incluso cuando el caos no cede.

Cuando dejás de forzar, te das cuenta de que lo que parecía inaceptable no era tan insoportable. Lo que parecía inmanejable, de a poco, se acomoda. Lo que parecía urgente, tal vez podía esperar. Y lo que parecía eterno, también pasa.

Pero no vas a verlo si estás todo el tiempo apretando los puños. Pensando cómo resolverlo. Qué decir. Qué evitar. Qué arreglar. A veces el paso más valiente es soltar el intento de controlar y permitir que la vida haga lo que tiene que hacer.

No porque confíes del todo. Sino porque estás cansada de resistir. Y porque empezás a intuir que hay una fuerza más sabia que tu mente: la de tu cuerpo que siente, la de tu tiempo interno, la de tu intuición.

Esa fuerza no grita. Pero está. Y empieza a guiarte cuando le hacés espacio.

DEJAR IR EXPECTATIVAS

A veces no es la situación lo que te frustra. Es lo que esperabas de ella. Lo que te habías imaginado. Lo que soñaste que iba a pasar. Lo que proyectaste que los demás iban a hacer. El guion perfecto que habías armado en tu mente. Ese que no se cumplió.

Y ahí está la raíz de mucha de tu angustia: vivís más en tus expectativas que en la realidad. Construís futuros mentales con tanto detalle que, cuando la vida no los confirma, sentís que todo falló. Que vos fallaste. Que alguien te falló.

Pero la verdad es que lo único que ocurrió fue esto: la vida no fue como vos pensaste que sería. Nada más. Nada menos.

Dejar ir expectativas no es dejar de soñar. Es liberarte del sufrimiento que genera la rigidez mental. Es soltar la necesidad de que todo sea como lo imaginaste. Es aceptar que podés querer algo con el alma... y aún así, la vida puede llevarte por otro lado.

El problema no es tener deseos. Es convertirlos en mandatos. En deberes. En contratos invisibles con el universo: "yo hago esto, entonces espero que pase esto otro." Y cuando no pasa, la frustración se vuelve personal. Como si fuera una prueba de que algo en vos no funciona. Como si tu valor dependiera de que todo salga según el plan.

Pero ese plan, muchas veces, no era real. Era una construcción mental. Basada en miedos, en fantasías, en necesidades viejas. Y mientras más te apegás a él, más sufrís. Porque la realidad nunca es tan prolija como tus pensamientos. Es imperfecta. Sorprendente. Contradictoria. Humana.

Dejar ir expectativas es un acto de humildad. Es decir: "No lo sé todo. No controlo todo. No puedo prever cada detalle." Es abrirte a la posibilidad de que lo inesperado no sea siempre una amenaza, sino una forma diferente de que algo se revele.

Y eso no siempre se entiende en el momento. Muchas veces lo ves después. Mucho después. Cuando mirás atrás y decís: "Menos mal que no salió como yo quería." Pero para poder llegar ahí, primero tenés que soltar la rabia. La queja. El apego.

Tenés que permitirte estar triste si algo no fue como lo soñaste. Sí. Pero no vivir atrapada en esa tristeza. No transformarla en identidad. No hacer de la desilusión un modo de vida.

Soltar las expectativas no significa conformarte. Significa elegir vivir lo que sí está pasando, en lugar de quedarte atrapada en lo que debería haber pasado.

Y eso es libertad. Dolorosa, a veces. Pero real. Y desde ahí podés volver a elegir. Volver a abrirte. Volver a soñar. Pero sin perderte en lo que todavía no existe.

CONFIAR EN EL PROCESO

No tenés todas las respuestas. Y probablemente no las vas a tener mañana tampoco. No sabés exactamente a dónde vas. No sabés cuánto va a durar lo que estás atravesando. No sabés si estás tomando la mejor decisión. Y aún así, avanzás. Sentís. Vivís. Elegís. Y eso es lo más parecido a la fe que existe.

Confiar en el proceso no es una actitud ingenua. Es un acto de profunda inteligencia emocional. Es comprender que la vida tiene sus ritmos. Que no todo se resuelve cuando vos querés. Que hay cambios que necesitan madurar. Que hay duelos que no se apuran. Que hay etapas que no se saltan.

Pero tu mente quiere garantías. Quiere resultados. Quiere saber cuándo se va a sentir mejor. Cuándo se va a acabar esta incertidumbre. Cuándo vas a recuperar la calma. Y si no tiene esas respuestas, se angustia. Se desespera. Se activa.

Ahí es donde tenés que elegir algo distinto. No más pensamiento. No más control. No más explicaciones. Sino una nueva práctica: la de confiar.

Confiar no es quedarte quieta. Es seguir moviéndote desde la intuición, desde la coherencia, desde el cuidado. Es sostenerte en lo que sí sabés: que ya pasaste cosas difíciles. Que ya saliste de lugares oscuros. Que ya creíste que no ibas a poder... y pudiste.

Y sobre todo, confiar en que el proceso tiene su inteligencia, incluso cuando vos no la entendés. Que algo dentro tuyo se está acomodando. Que algo invisible está germinando. Que la transformación real casi nunca se nota al principio. Pero un día te despertás y te das cuenta de que ya no reaccionás igual. Que ya no pensás igual. Que ya no necesitás lo mismo.

Y eso no pasó de golpe. Pasó mientras estabas en el medio del caos. Mientras respirabas. Mientras dudabas. Mientras hacías espacio. Mientras aprendías a soltar.

Confiar en el proceso también es confiar en vos. No en la versión perfecta que todo lo puede. En la real. En la que se cae y se levanta. En la que duda y aún así avanza. En la que no necesita tenerlo todo claro para seguir caminando.

No hace falta saber cómo va a terminar esta etapa. Lo que necesitás es estar disponible para vivirla, un día a la vez. Porque la claridad va llegando. El dolor va cediendo. La respuesta va apareciendo.

Y mientras tanto, te tenés a vos. Tu presencia. Tu respiración. Tu cuerpo. Tu capacidad de volver cada vez que te perdés. Esa es la base. El resto, se construye.

Soltar no significa que me rindo.
Significa que por fin entendí
que forzar las cosas me estaba
rompiendo por dentro.

9
HABLARTE DIFERENTE CAMBIA TODO

VOZ INTERIOR COMPASIVA

La manera en que te hablás internamente tiene un impacto profundo, aunque no lo notes al instante. No es solo un diálogo invisible. Es un tono constante que condiciona cómo te sentís, cómo actuás y cómo te relacionás con vos misma. Es la banda sonora de tu mundo interno. Y cuando esa voz está dominada por la crítica, la exigencia o la culpa, vivir se vuelve más pesado de lo que debería.

La mayoría de las personas que piensan demasiado tienen una voz interna afilada, rápida para juzgar, lenta para comprender. Una voz que siempre está esperando el error, que repite lo que podrías haber hecho mejor, que minimiza tus logros y exagera tus fallas. A veces esa voz usa tu tono. A veces suena como tu madre. O tu padre. O un docente que te exigía más. Pero aunque venga disfrazada de "realismo" o de "autoexigencia sana", lo cierto es que muchas veces no te ayuda a crecer, te paraliza.

No aprendiste a tratarte con suavidad. Aprendiste a presionarte para ser mejor. A corregirte como si fueras un proyecto en mejora continua. A empujarte con frases como "tenés que poder", "no es para tanto", "dejá de exagerar", "así nunca vas a cambiar". Pero lo que muchas veces necesitabas —y aún necesitás— no es esa dureza. Es contención. Escucha. Compañía interna.

Hablarte diferente no es mentirte. No es decirte que todo está bien cuando no lo está. Es aprender a estar con vos de otra forma. Más parecida a cómo tratarías a alguien que amás. Más parecida a la voz que necesitaste de chica cuando estabas triste, confundida, asustada.

Una voz compasiva no niega lo que duele. Lo reconoce. No tapa el error. Lo contiene. No elimina la frustración. La acompaña. Y en lugar de decirte "no deberías sentir esto", te dice "está bien sentirlo, estás haciendo lo mejor que podés".

Esa voz no aparece de un día para otro. Se cultiva. Se elige. Se practica. Empezando por notar cómo te estás hablando. Qué palabras usás. Qué tono. Qué frases repetís. ¿Te decís cosas que jamás le dirías a una amiga? ¿Te castigás por sentir? ¿Te hablás como si todo lo que hacés estuviera bajo examen?

Cambiar esa voz es revolucionario. Porque la forma en que te hablás moldea tu identidad. Si cada día te repetís que no sos suficiente, eso se convierte en la base desde la que actuás. Pero si empezás a hablarte como alguien que merece comprensión, tu mundo interno cambia. Y con él, cambia todo lo demás.

No se trata de convertirte en una cheerleader que se aplaude todo. Se trata de convertirte en una presencia interna confiable. Que no se abandona. Que no se hiere. Que está para sostener, no para castigar. Y eso, cuando lo tenés, te da una fuerza silenciosa, una raíz profunda que no depende del aplauso externo.

No es coaching. Es humanidad. Y la necesitás más que nunca.

LENGUAJE DE POTENCIAL

Las palabras que usás para describirte no son inocentes. Son pequeñas etiquetas que, repetidas todos los días, construyen los límites de lo que creés posible para vos. Y muchas veces, sin darte cuenta, estás narrando tu vida desde un lenguaje que te achica, que te congela, que te deja atrapada en una identidad que ya no te representa.

Frases como "yo siempre fui así", "soy un desastre", "no tengo constancia", "me cuesta todo", "seguro lo voy a arruinar", parecen descripciones objetivas, pero no lo son. Son decretos. Contratos mentales. Identidades que reafirmás con cada repetición. Y cuanto más los decís, más vivís en función de ellos.

Pero ese lenguaje no es verdad. Es una narrativa aprendida. Una manera de nombrarte desde el miedo, desde la frustración, desde la experiencia limitada del pasado. Y lo más importante: es un lenguaje que podés cambiar.

No se trata de fingir. Se trata de elegir palabras que te abran posibilidades. Que te permitan ver otra versión de vos. Que te conecten con lo que estás construyendo, no solo con lo que ya pasó.

Por ejemplo, cambiar el "soy impaciente" por "estoy aprendiendo a tener más paciencia". Cambiar "no sirvo para esto" por "esto me está costando, pero sigo practicando". Cambiar "no puedo" por "todavía no lo logré, pero lo estoy intentando". Son giros sutiles, pero poderosos. Porque dejan una puerta abierta. Porque reconocen tu proceso. Porque no te congelan en una imagen fija.

El lenguaje de potencial es un lenguaje que respeta tu evolución. Que nombra lo que estás viviendo sin convertirlo en sentencia. Que te permite equivocarte sin que eso defina quién sos. Que honra tu intento. Que reconoce tu intención, aunque el resultado no haya sido perfecto.

Y cuanto más hablás desde ahí, más libertad sentís. Porque ya no estás tratando de encajar en una versión rígida de vos misma. Te estás dejando ser. Estás reconociendo que tenés derecho a cambiar. A mejorar. A aprender. A fallar sin destruirte.

Nadie cambia desde la humillación. Nadie se expande desde la vergüenza. El cambio real necesita un lenguaje que acompañe. Que sostenga. Que aliente sin exigir. Que señale el potencial sin negar el presente.

Y ese lenguaje empieza con vos. Con cómo pensás de vos. Con cómo te describís. Con qué versión repetís en voz alta o en tu mente. Porque tu identidad se escribe palabra por palabra. Y vos tenés la lapicera.

SEMÁNTICA DE LA AUTOESTIMA

Muchas de las palabras que usás todos los días están cargadas de obligación, juicio, rigidez. Son palabras que no suenan fuertes al oído, pero que se sienten pesadas en el cuerpo. Y sin darte cuenta, estás sosteniendo un sistema mental que te exige constantemente, incluso en los momentos en que necesitás ternura.

Una de las más comunes: "debo". Debo ser más organizada. Debo estar bien. Debo dejar de pensar así. Debo cambiar ya. ¿Te suena? Es probable que este verbo haya colonizado tu lenguaje interno. Y cuando vivís desde el "debo", vivís desde la deuda. Desde la falta. Desde la presión. Como si siempre te debieras algo. Como si nunca fueras suficiente.

Pero hay otra palabra, más amable, más liviana, más poderosa: "puedo". Puedo organizarme mejor. Puedo sentirme diferente. Puedo cambiar esto con tiempo. Puedo estar en proceso. Ese pequeño cambio semántico modifica no solo la frase, sino el vínculo que tenés con vos. Porque el "puedo" reconoce tu capacidad sin exigirte perfección. Te invita, en lugar de empujarte. Te alienta, en lugar de castigarte.

Lo mismo pasa con frases como "tengo que" versus "elijo". No es lo mismo decir "tengo que hacer ejercicio" que "elijo mover mi cuerpo porque me hace bien". No es lo mismo decir "tengo que ser más positiva" que "elijo mirar las cosas con más esperanza". Las palabras que usás muestran desde dónde actuás. Si actuás desde la obligación o desde la libertad. Desde el miedo o desde el deseo. Desde el deber o desde el cuidado.

Esta semántica no es solo un juego de estilo. Es una reprogramación emocional. Porque cada vez que cambiás una palabra rígida por una flexible, estás enviándole a tu mente un mensaje distinto. Estás desactivando el piloto automático del castigo. Estás entrenando una forma de autoestima basada en la libertad, no en la corrección.

Y esto no significa negar que hay cosas que necesitás mejorar. Significa que podés hacerlo sin humillarte. Que podés crecer sin exigirte perfección. Que podés cambiar tu vida sin despreciar la que tenés ahora.

Hablarte diferente no es solo una técnica. Es una forma de quererte. Es elegir una voz interna que no sea enemiga. Es construir una relación con vos donde las palabras no sean armas, sino puentes. Donde no tengas que convencerte de que valés: donde lo sintás porque te lo decís. Porque lo escuchás. Porque lo practicás.

La semántica de tu autoestima se nota en los detalles. En cómo te hablás cuando algo no sale como querías. En las palabras que usás cuando mirás tu cuerpo al espejo. En cómo te describís frente a otros. En cómo te despedís de vos antes de dormir.

Y cada uno de esos momentos puede ser una oportunidad para elegir un lenguaje más justo, más compasivo, más verdadero.

Porque ya pensaste suficiente desde el miedo. Ahora es momento de hablarte desde el respeto.

*Me dolió mucho el corazón
estos últimos días,
pero sé que voy a estar bien,
porque vendrán días mejores.*

DÍAS 1-3: SILENCIO MENTAL ACTIVO

RUIDO INVISIBLE

El ruido que más agota no es el de la calle, ni el de las notificaciones, ni el del reloj marcando que vas tarde otra vez. Es ese zumbido mental constante que no para ni cuando estás sola. No hace falta que alguien te hable para que haya ruido. Basta con que estés despierta, y tu cabeza ya lo genera: ideas que se empujan, listas mentales abiertas, fragmentos de conversaciones, preocupaciones disfrazadas de planeamiento. Todo eso se amontona como si tu mente no tuviera paredes, como si estuviera siempre en modo recepción, absorbiendo incluso lo que no necesita.

Lo más traicionero del ruido invisible es que no lo reconocés como tal. Estás tan habituada a convivir con él, que se vuelve parte de tu identidad. Lo confundís con estar atenta, informada, productiva, disponible. Pero lo que en realidad estás es saturada. Y esa saturación no viene de afuera, sino de adentro. Porque incluso en momentos en que podrías descansar, seguís escuchando algo: tu mente hablando sin parar. Y eso no solo drena tu energía, sino que te desconecta del presente, de tu cuerpo, de tu capacidad de pensar con claridad.

Hay un tipo de cansancio que no viene de hacer mucho, sino de no poder frenar. De no tener silencio. De que cada espacio libre sea ocupado automáticamente por pensamientos. Pensás mientras comés. Mientras caminás. Mientras te bañás. Mientras intentás dormir. No hay tregua. Y cuando no hay tregua, lo que empieza a fallar no es tu cuerpo, es tu percepción de la realidad.

El ruido mental te hace vivir en piloto automático. Te hace creer que estás actuando, cuando en realidad solo estás reaccionando. Te hace pensar que estás resolviendo, cuando en verdad estás girando en bucles. Te convence de que si no estás pensando algo, estás perdiendo el tiempo. Pero la realidad es otra: lo que estás perdiendo es conexión contigo misma.

Y si no hay conexión, no hay claridad. No hay dirección. No hay escucha interna. Por eso, los próximos tres días no se tratan de pensar menos por voluntad. Se trata de crear condiciones para que el ruido empiece a bajar por sí solo. Porque la mente no se apaga a la fuerza. Pero sí se regula cuando no la sobrealimentás.

El primer paso es verlo. Distinguir qué es lo que lo genera. Cuánto de tu ruido viene de exigencias externas, cuánto de tus hábitos, cuánto de la información que consumís sin filtrar. Porque si no sabés qué lo alimenta, no podés cortar el flujo. Y si no cortás el flujo, nunca llega el silencio.

La mente no es enemiga. Solo está mal calibrada. Y para calibrarla, necesitás parar. No todo el día. No por siempre. Solo el tiempo suficiente para darte cuenta de que existe una vida sin tanto ruido.

Y que esa vida no solo es posible. Es tuya.

ESPACIO SIN INPUT

Tu mente no necesita más contenido. Necesita espacio. Pero cada vez que te distraés mirando el celular, cada vez que llenás un momento de pausa con otra serie, otra noticia, otro audio de WhatsApp, lo que estás haciendo es aumentar el nivel de saturación interna, aunque no lo percibas en el instante. La estimulación constante no se nota al momento, pero se acumula como un fondo de pantalla que no podés apagar. Y eso te aleja de vos.

Vivimos con miedo al vacío. A quedarnos sin nada que hacer, sin nada que mirar, sin nada que procesar. Como si la sola idea de estar a solas con una misma sin distracciones activara una alarma. Pero ese es el miedo que hay que atravesar. Porque justo detrás está lo que estás buscando: paz, claridad, alivio. Y todo eso aparece cuando dejás de llenar cada segundo.

Los primeros tres días de este proceso son para eso. No para hacer un detox extremo, sino para probar cómo se siente tu mente cuando no la sobrecargás de input externo. Lo que vas a notar no es silencio inmediato, sino incomodidad. Es normal. Porque tu sistema está acostumbrado a funcionar con estímulo constante. Si lo apagás, al principio se inquieta. Pero si pasás ese umbral inicial, vas a empezar a percibir algo que probablemente hace mucho no sentís: una pausa real.

No se trata de dejar todo. Se trata de ser selectiva. De observar qué cosas consumís solo por hábito, y qué cosas realmente te suman. De elegir conscientemente reducir el volumen de lo que entra. Menos redes sociales. Menos noticieros. Menos podcasts en modo fondo. Menos conversaciones superficiales que solo ocupan espacio sin nutrirte.

También se trata de sostener el espacio sin correr a llenarlo. ¿Qué pasa si terminás de almorzar y no agarrás el teléfono? ¿Qué pasa si esperás en una fila sin mirar una pantalla? ¿Qué pasa si te sentás cinco minutos en silencio sin hacer nada? Eso que pasa —esa incomodidad— es el umbral de cambio.

Ahí empieza la desintoxicación. Cuando no huís del vacío. Cuando lo sostenés. Cuando dejás de anestesiarte con estímulo. Porque el verdadero silencio mental no es la ausencia de pensamientos. Es la capacidad de estar con vos sin necesidad de distracción.

Y eso no es castigo. Es libertad.

Durante estos tres días, empezá a crear islas de no-estímulo. No hace falta que sean largas. Pueden ser diez minutos sin audio. Cinco sin pantalla. Dos sin hacer. Pequeños espacios en los que le digas a tu mente: "No tenés que estar produciendo algo todo el tiempo. Podés simplemente estar."

Y cuando eso pasa, todo lo demás empieza a ordenarse.

HIGIENE COGNITIVA

Así como lavás tu cuerpo cada día sin cuestionarlo, tu mente también necesita una limpieza. Pero no se hace con jabón. Se hace con elecciones. Con límites. Con consciencia. Porque la saturación mental no es casual: es el resultado de hábitos acumulados, de permisos que te diste sin revisar, de rutinas mentales que te exigen más de lo que necesitás.

La higiene cognitiva no es perfección. No es tener todo bajo control. Es empezar a crear un entorno mental más limpio, más claro, más respirable. Y eso se logra cuidando tres cosas: la calidad del contenido que consumís, la organización de tu entorno y el ritmo interno con el que vivís.

No podés pretender claridad mental si cada mañana lo primero que hacés es abrir el teléfono y absorber veinte estímulos ajenos. Noticias, imágenes, comentarios, demandas. Todo eso entra sin filtro. Y lo más probable es que te condicione antes de que puedas darte cuenta. Por eso, uno de los pilares de esta higiene es elegir qué entra primero a tu mente cada día. Una respiración. Un pensamiento propio. Un silencio. Eso debería ir primero. Después, el mundo.

Tu entorno también habla. Lo que ves alrededor condiciona tu estado interno. Si hay desorden visual, objetos innecesarios, acumulación de cosas sin sentido, tu mente lo registra como caos. Y ese caos se refleja en cómo pensás. En cómo decidís. En cómo procesás. Por eso, durante estos días, elegí al menos un espacio chico y ordenalo. Un rincón limpio, despejado, donde puedas estar y respirar. Ese espacio físico es un ancla mental. Te recuerda que la claridad es posible. Que puede existir un lugar sin ruido.

El ritmo también importa. No estás hecha para vivir en sprint. Tu sistema necesita pausas, lentitud, secuencia. Pero si vivís corriendo, si respondés todo en el momento, si te exigís saltar de una cosa a otra sin respiro, la saturación no es una posibilidad: es un destino. Por eso, parte de esta higiene mental consiste en marcar tus propios ritmos, aunque el mundo vaya más rápido.

Tomarte diez minutos entre tareas. Comer sin pantallas. Terminar una cosa antes de empezar otra. No parece revolucionario, pero lo es. Porque ir más lento no es ir peor. Es ir con presencia. Y eso lo cambia todo.

La higiene cognitiva no se hace una sola vez. Se sostiene. Se practica. Se convierte en estilo de vida. Uno donde no todo entra, no todo vale, no todo se responde ya. Uno donde vos elegís qué ocupará tu atención.

Y cuando recuperás esa autoridad interna, el ruido baja. El cuerpo afloja. Y la mente empieza a recordar lo que es vivir sin tanto peso.

Estoy cansada del ruido,
de la prisa, del "tengo que".
Quiero un espacio donde
mi mente pueda descansar
y volver a escucharme.

11
DÍAS 4-6: ENTRENAR LA ATENCIÓN PRESENTE

MONOTAREA Y MINDFULNESS

Tu mente aprendió a estar en varios lugares al mismo tiempo. Saltás de una cosa a otra mientras pensás en la siguiente. Contestás un mensaje mientras mirás una serie, repasás la lista mental de pendientes mientras cenás, abrís tres pestañas en el navegador mientras revisás notificaciones. Vivís en fracciones. Nunca completa. Nunca entera. Y eso, que te parece normal, es uno de los principales generadores de ansiedad, dispersión y fatiga mental.

Tu mente no está hecha para la multitarea constante. Sí, puede hacerlo por breves lapsos. Pero si lo hacés todo el día, todos los días, se desorganiza, se irrita, se agota. Porque cada vez que cambiás de foco, tu sistema gasta energía. No es solo un cambio de atención: es un microcorte interno, una fricción que, sumada a lo largo del día, te deja drenada. Y lo más cruel es que ese esfuerzo no da mejores resultados.

Al contrario: te hace menos precisa, menos clara, menos efectiva.

La solución no está en forzarte a concentrarte. Está en practicar algo que hoy parece contracultural: la monotarea. Hacer una cosa a la vez. No porque seas menos productiva, sino porque eso es lo que tu mente necesita para recuperar ritmo, profundidad, dirección.

Comer solo comer. Caminar solo caminar. Leer solo leer. Sin revisar el celular. Sin interrumpir. Sin dejar la puerta abierta para mil interferencias. Y sí, al principio cuesta. Sentís que estás perdiendo el tiempo, que podrías estar haciendo otra cosa, que es "demasiado lento". Pero ese malestar no es real. Es abstinencia del ritmo acelerado al que te acostumbraste. Es tu sistema desintoxicándose del fraccionamiento.

Y no, no tenés que hacerlo todo el día. Pero sí practicarlo cada día. Elegir al menos un momento donde tu atención sea plena, donde estés con lo que hacés. No importa qué. Importa cómo lo vivís.

Ahí entra el mindfulness. No como una técnica complicada, sino como una actitud de estar presente. Con lo que hay. Con lo que hacés. Con lo que sentís. Es la práctica de volver al ahora, una y otra vez, con amabilidad.

No se trata de no pensar. Se trata de notar cuándo te fuiste y elegir volver. Ese es el músculo que vas a entrenar estos días. El de regresar al momento, sin enojo, sin juicio, sin autoexigencia.

Y cuanto más lo hagas, más notarás los beneficios. Porque una mente presente no solo piensa menos: sufre menos, teme menos, se pierde menos.

No tenés que vaciar tu cabeza. Tenés que habitarla con menos urgencia.

TÉCNICA DE ANCLAJE

La mente, por naturaleza, se dispersa. No es un error. Es su modo automático de operar. Pero eso no significa que tengas que ir detrás de cada distracción. Lo que necesitás no es pelear contra los pensamientos, sino anclarte a algo que te devuelva al presente. Un punto de referencia. Un centro. Una base.

Ahí entra el anclaje. No como una técnica milagrosa, sino como un recurso concreto que te ayuda a interrumpir el secuestro mental. Cuando tu atención se disuelve en preocupaciones, listas, recuerdos, predicciones, podés volver a un ancla. Algo que te devuelva a vos. Que te reconecte con lo que está pasando ahora.

Tu respiración es el ancla más inmediata. Siempre está ahí. No tenés que hacer nada para usarla. Solo prestarle atención. Inhalar. Exhalar. Sentir el ritmo, la temperatura, el movimiento en tu pecho o abdomen. No para controlarla, sino para notarla. Respirar como si fuera lo único que existe por un instante. Y lo es.

Pero también podés usar el sonido. Escuchar los ruidos de fondo. No para analizarlos, sino para registrarlos. El canto de un pájaro. Un motor lejano. El eco de tu propia voz. Son presencias que te traen de vuelta. Porque no podés estar totalmente presente en lo que oís y al mismo tiempo atrapada en tu mente. Algo cede. Algo baja.

El cuerpo también es un gran ancla. Sentir el peso de tus pies. El contacto de tus manos. El punto de apoyo donde estás sentada. Esa percepción directa, sin historia, sin interpretación, es uno de los atajos más eficientes para salir del bucle.

Y si sos más visual, podés usar un objeto. Una vela encendida. Un punto fijo en la pared. Una imagen que te dé calma. Mirarla sin expectativas. Solo observar. Dejar que tu atención se asiente ahí por unos minutos. Eso basta para cortar el circuito automático de dispersión.

No se trata de que todos los días uses el mismo ancla. Se trata de encontrar el que mejor funcione para vos en ese momento. Y sobre todo, usarlo cada vez que notes que tu mente se fue. Sin castigo. Sin drama. Solo decirte: "Estoy en otro lado. Vuelvo." Una y otra vez. Esa es la práctica.

Anclarte no te convierte en alguien sin pensamientos. Te convierte en alguien que puede elegir dónde estar. Y esa capacidad cambia tu experiencia interna. Porque te devuelve el control real: el de tu atención.

Y una atención entrenada es una mente en calma. No porque no piense. Porque ya no se pierde en cada pensamiento.

RESILIENCIA COGNITIVA

No importa cuántas veces lo intentes. Te vas a distraer. Te vas a olvidar. Te vas a frustrar. Porque tu mente, como todo en vos, está hecha de hábitos. Y los hábitos no se rompen con fuerza. Se reeducan con repetición, con paciencia, con suavidad. Ahí es donde entra la resiliencia cognitiva: la capacidad de volver a empezar, sin enojarte con vos.

Cada vez que notás que te fuiste, que volviste a pensar lo mismo de siempre, que te perdiste en una fantasía mental o en una preocupación vieja, y elegís volver... estás entrenando esa resiliencia. No es fallar. Es practicar. Porque el éxito no es no irse. Es volver.

Y cuanto más lo hacés, más fácil se vuelve. Porque tu sistema aprende. Porque tus circuitos neuronales se reorganizan. Porque tu mente empieza a entender que hay otra forma de estar.

Este proceso no es lineal. Hay días en que te va a salir con naturalidad, y otros en que vas a sentir que no podés sostener la atención ni medio minuto. Pero todo suma. Incluso cuando creés que no. Porque no estás buscando perfección. Estás creando una nueva relación con tu forma de pensar.

Y esa relación se construye con práctica amable. No con autoexigencia. No con crítica. No con bronca.

Cada vez que volvés a tu respiración, a tu cuerpo, a tu presente, estás reeducando tu mente. Estás enseñándole que no necesita pensar todo el tiempo para que estés a salvo. Que puede parar. Que puede confiar. Que puede descansar.

La resiliencia cognitiva también implica soltar la idea de que todo tiene que sentirse bien. A veces vas a practicar y te vas a aburrir. A veces vas a sentir que no estás haciendo nada útil. A veces no vas a tener ganas. Y ahí, justamente ahí, es donde más estás creciendo. Porque estás haciendo algo diferente. Estás sosteniendo una elección interna más allá del impulso inmediato.

Y eso cambia tu estructura mental.

No buscás atención perfecta. Buscás el hábito de volver. De regresar. De recordarte que tenés un punto de anclaje. Que podés habitar el presente incluso en medio del caos. Que podés respirar en lugar de reaccionar. Estar en lugar de huir.

Eso no se nota enseguida. Pero un día vas a darte cuenta de que ya no te perdés tanto. Que ya no te duele igual. Que ya no necesitás huir de vos para estar en paz.

Y ahí, sin que te dieras cuenta, algo se habrá transformado para siempre.

Cada vez que vuelvo al presente,
me doy cuenta de que ahí
está todo lo que necesito. No en el pasado.
No en el futuro. En este instante.

12
DÍAS 7-10: ROMPER PATRONES, CREAR RUTAS NUEVAS

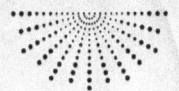

MICROCAMBIO CONSCIENTE

Cambiar una estructura mental que llevás años construyendo no requiere una transformación radical de un día para el otro. Requiere algo mucho más sutil y poderoso: un pequeño acto diferente, hecho de manera consciente, sostenido en el tiempo. No necesitás derribar el castillo entero. Solo abrir una puerta nueva por donde entre el aire.

Cuando tu mente está atrapada en el hábito del sobrepensamiento, cualquier cambio abrupto genera más ansiedad que alivio. Por eso, el camino real de transformación no es imponer algo nuevo a la fuerza, sino introducir lo nuevo de forma progresiva, manejable, digerible. Un microcambio es eso: una acción mínima que interrumpe un patrón automático, y que con repetición empieza a crear una ruta alternativa.

Podés empezar con algo tan simple como cambiar el orden de una rutina matutina. Si siempre te levantás y agarrás el celular, hoy primero te lavás la cara, respirás tres veces, y recién después lo revisás. No es una gran hazaña. Pero marca un cambio de dirección interna. Le dice a tu mente: "No todo es como siempre. Estoy empezando a elegir distinto."

También puede ser una palabra nueva en tu lenguaje cotidiano. Si solés decir "no puedo", hoy decís "voy a intentarlo". Si usás "debo", hoy usás "elijo". Y así, lo que parece apenas una frase, empieza a convertirse en una semilla de identidad distinta. El cambio no se siente en el momento. Pero se acumula. Gota a gota. Repetición a repetición.

Un ritual breve cada día puede servirte como ancla. Algo que no dependa de cómo te sentís. Que se haga igual, incluso si hay ruido, cansancio, dudas. Podés encender una vela y mirar su luz por un minuto. Escribir una frase al despertar. Estirarte con intención. Cantar una canción que te conecte. Nada complejo. Solo algo que te recuerde que estás eligiendo una forma nueva de estar en vos.

Lo esencial del microcambio es que sea consciente. Que lo hagas sabiendo que no es lo que hacías antes. Que lo elijas como un gesto hacia tu presente. Y que no esperes resultados inmediatos. Porque el resultado ya está ocurriendo en el acto mismo de elegir diferente.

Esa es la diferencia entre actuar desde la mente automática y actuar desde la consciencia. No es qué hacés. Es desde dónde lo hacés. Y cada vez que elegís con presencia, estás rompiendo un poco más el hábito de vivir desde el pensamiento excesivo.

El cambio no empieza cuando sentís algo distinto. Empieza cuando hacés algo distinto.

INTERRUPTOR DE PENSAMIENTO

El sobreanálisis tiene su propia inercia. Una vez que tu mente entra en modo bucle, puede estar horas girando sobre lo mismo. Analiza, compara, imagina, discute, repite. Todo adentro tuyo. Sin resolver nada. Sin avanzar. Sin darte un respiro. Y por más que entiendas que no te sirve, no sabés cómo salir. Ahí es donde necesitás un interruptor de pensamiento.

No es un castigo. No es un "¡basta!" gritado desde la frustración. Es una técnica concreta para cortar el ciclo y redirigir tu energía. Porque si no lo interrumpís, el pensamiento se alimenta a sí mismo. Y vos seguís dándole cuerda, sin darte cuenta.

El cuerpo es la herramienta más efectiva para cortar ese circuito. Un cambio físico inmediato puede interrumpir una tormenta mental. Te levantás. Te estirás. Caminás. Saltás. Lavás las manos con agua fría. Abrís una ventana. Apoyás los pies en el suelo con intención. Ese movimiento interrumpe el bucle cerebral y redirige tu atención al presente.

Otra estrategia es usar una frase guía. Una especie de código interno que te ancle cuando notás que tu mente está repitiendo. Puede ser algo como "esto no es urgente ahora", "no necesito resolverlo todo", "puedo volver a mí". No hace falta que sea perfecto. Solo que lo digas con intención. Que sea tu señal de vuelta. Una pausa verbal. Un reencuadre.

También podés tener un gesto físico asociado: tocarte el pecho, presionar los dedos, mover los hombros. Lo importante es que ese gesto se vuelva un ritual que interrumpe y redirige. Que le indique a tu sistema nervioso: "Estamos volviendo al cuerpo. No necesitamos pensar esto por décima vez."

El interruptor no evita que los pensamientos aparezcan. Pero te devuelve el poder de no quedarte girando en ellos. Te ayuda a recuperar el control atencional. A cortar el flujo y elegir un camino nuevo. Y cuanto más lo uses, más rápido notarás cuándo estás entrando en bucle. Porque vas a empezar a sentirlo en el cuerpo: la tensión, la aceleración, la sensación de encierro.

Y en lugar de seguir ahí, podés accionar tu interruptor.

Eso no significa que vas a pensar perfecto. Significa que ya no vas a quedarte atrapada. Que vas a tener una salida. Una opción. Una puerta.

Y eso, cuando llevás años sintiéndote rehén de tus pensamientos, es un acto de libertad enorme.

REFUERZO POSITIVO

Tu mente aprendió durante años a registrar errores, amenazas, peligros. Está entrenada para notar lo que no funciona. Lo que falta. Lo que podrías haber hecho mejor. Pero ese filtro, aunque te parezca realista, deforma tu percepción. No ves las cosas como son. Las ves como tu mente entrenada en el miedo te las muestra.

Por eso, en este momento del proceso, es vital empezar a entrenar otro tipo de percepción: la que capta avances, logros, decisiones nuevas. No porque todo sea perfecto. Sino porque si no lo registrás, no lo consolidás. Si no lo notás, tu sistema no lo incorpora.

El refuerzo positivo no es autoestima barata. Es neurología. Tu cerebro necesita repetición emocional para crear nuevas rutas. Y esa repetición tiene que ir acompañada de reconocimiento interno.

Hoy hiciste algo diferente. Lo viste venir y no entraste en el bucle. Respiraste antes de contestar. Paraste a la mitad de un pensamiento catastrófico. Escribiste lo que te pasaba en lugar de analizarlo mil veces. Eso vale. Eso es cambio. Pero si no lo registrás, tu sistema no lo aprende. Y volvés a sentir que no estás avanzando, cuando en realidad sí lo estás.

Anotá tus avances. No importa si son pequeños. Decilos en voz alta. Compartilos con alguien si te sentís cómoda. Celebrá el acto de elegir diferente, aunque el resultado no haya sido perfecto. Porque el cambio real no es que no sientas ansiedad nunca más. Es que cada vez respondas con más presencia.

Visualizá tu nueva versión. No como una meta lejana, sino como una realidad que estás practicando. Cerrá los ojos y sentí cómo es vivir con menos ruido. Con más dirección. Con más aire interno. Esa visualización, repetida aunque sea un minuto por día, refuerza tu mapa interno. Le da a tu cerebro una imagen hacia la cual reorganizarse.

El refuerzo positivo también puede venir en forma de gesto: te ponés la mano en el pecho, sonreís, decís "hoy estuve ahí para mí". Eso ya es reconocimiento. Eso ya es consolidación.

No esperes que alguien venga a felicitarte por todo lo que estás haciendo para salir de una mente que te sofoca. Sé vos quien lo reconozca. Porque ese acto de mirar lo que sí hiciste diferente, es el fertilizante de tus nuevos hábitos.

Y cuanto más te habitúes a registrar lo que cambia, más motivación vas a sentir. Porque tu mente va a empezar a asociar el nuevo camino con algo que da alivio, que da poder, que da sentido.

No hace falta que sea perfecto. Hace falta que sea verdadero.

Y si hoy elegiste diferente aunque sea una vez, ya estás rompiendo un patrón. Ya estás construyendo uno nuevo.

A veces el cambio
no se nota al principio.
Pero hoy hice algo distinto,
y eso ya abrió una puerta
que antes ni sabía que existía.

DÍAS 11-14: FIJAR LO APRENDIDO EN TU CUERPO

REGISTRO SOMÁTICO

Tu mente ya no es la única protagonista. Lo que antes era solo reflexión, ahora empieza a convertirse en experiencia. Y cuando la experiencia se repite con presencia, algo más profundo se activa: el cuerpo empieza a reconocer, a integrar, a sostener. Ya no necesitás recordarte todo el tiempo lo que aprendiste. Tu sistema empieza a encarnarlo. Lo que antes era teoría, ahora se siente como una forma nueva de habitarte.

El cuerpo tiene memoria. Pero no solo guarda traumas, tensiones, bloqueos. También puede guardar calma, confianza, dirección. Y eso no sucede porque te lo digas mentalmente. Sucede cuando le das al cuerpo la oportunidad de registrar lo que es vivir sin estar atrapada en la mente.

Por eso, en estos días finales del proceso, lo importante ya no es pensar en lo que cambió, sino sentir cómo se siente lo que cambió. Y para eso necesitás bajarte de la cabeza y escuchar. Observar los pequeños matices: cómo se acomoda tu postura cuando no estás tensa, cómo respirá tu pecho cuando no hay urgencia, cómo reacciona tu estómago cuando no hay miedo constante, cómo se sueltan tus hombros cuando no estás sobrepensando.

El cuerpo no habla en palabras. Habla en temperatura, en latido, en forma de moverse. Y cada vez que lo escuchás sin exigirle nada, sin pedirle que "vuelva a la normalidad", le estás diciendo: "estoy acá, no hay peligro, podés soltar". Esa señal fisiológica de seguridad es lo que permite que el aprendizaje mental se convierta en transformación estable.

Podés ayudarte con preguntas concretas: ¿cómo se siente hoy mi respiración en comparación con hace una semana? ¿Dónde noto más espacio interno? ¿Hay zonas que ya no están tan tensas como antes? ¿Qué movimientos me resultan más naturales ahora que pienso menos?

La clave no es responder rápido, sino detenerte a registrar. Y cuanto más entrenás esa percepción, más sutil se vuelve tu conciencia corporal. Ya no necesitás tanto análisis para darte cuenta de que algo cambió. Lo sabés porque tu cuerpo lo sabe.

Cuando tu cuerpo integra una experiencia, ya no necesitás repetirla mentalmente para sostenerla. Se vuelve parte de vos. Y esa es la diferencia entre un cambio que se olvida y uno que se queda.

MEMORIA DE CALMA

No todo lo que se guarda en tu sistema es ansiedad. También podés cultivar memoria de calma. Una forma de grabar internamente la sensación de estar presente, serena, clara. Porque la calma, igual que la tensión, se entrena. Y cuanto más la repetís en contextos diferentes, más tu cuerpo empieza a reconocerla como una base posible, no como un estado excepcional.

La mayoría de las personas que piensan demasiado viven en modo supervivencia incluso cuando no hay una amenaza real. Están habituadas a funcionar desde la alerta. Y por eso, cuando la mente se aquieta, el cuerpo a veces se inquieta. No sabe qué hacer con el vacío, con el silencio, con la paz. Como si la calma fuera sospechosa.

Eso también se aprende. El cuerpo tiene que reconocer que estar tranquila no es peligroso. Que podés no estar haciendo nada y eso no te convierte en inútil. Que podés bajar la guardia y eso no implica desprotección. Que podés descansar y el mundo no se va a caer.

Para que eso ocurra, necesitás crear momentos en los que el cuerpo experimente conscientemente esa calma. No solo como ausencia de estímulo, sino como presencia de seguridad. Momentos en los que vos misma le decís: "Esto está bien. Esto es seguro. Esto es mío."

Un ritual de cierre al final del día puede ayudarte: una ducha lenta, un estiramiento suave, una frase dicha en voz baja. "Hoy volví a mí". "Hoy me cuidé". "Hoy no me abandoné." Ese cierre físico y emocional ancla la experiencia del día en tu sistema. Le da un marco. Le dice: "esto es lo que queremos repetir."

También podés usar respiraciones específicas. Inhalar en 4, sostener en 2, exhalar en 6. Repetir tres veces. Eso solo, sin más, ya es un entrenamiento de calma. Pero si lo hacés todos los días, no es solo un ejercicio: es una forma de reeducar a tu cuerpo para que no viva en tensión.

Y con el tiempo, vas a notar que ya no necesitás estar en silencio total para sentir paz. Que podés sentirla incluso cuando hay ruido afuera. Que ya no necesitás evitar todo conflicto para no sobrepensar. Que tu sistema se regula más rápido. Que volvés a vos con más facilidad. Eso no es magia. Es memoria corporal.

Y esa memoria es lo que hace que no tengas que empezar de cero cada vez.

CELEBRACIÓN INTERNA

Cuando pensás menos, sentís más. Y cuando sentís más, necesitás aprender a reconocer lo que sí hiciste, lo que sí lograste, lo que sí elegiste. Porque si no, la mente va a seguir enfocada en lo que falta. En lo que no cambió. En lo que no fue perfecto. Por eso, en estos últimos días de integración, es esencial practicar algo que probablemente no hiciste en mucho tiempo: celebrarte.

No con euforia. No con ruido. Con presencia. Con honestidad. Con respeto. Reconocer lo que te costó llegar hasta acá. Lo que sostuviste. Lo que enfrentaste. Las veces que volviste a empezar. Los momentos en que elegiste diferente aunque no supieras si iba a funcionar.

La celebración interna no es un premio. Es una forma de emocionalizar tu propio progreso. De vincular lo que hiciste con una sensación positiva que tu cuerpo recuerde. Porque eso refuerza las rutas nuevas. Porque eso hace que tu sistema diga: "esto está bueno, esto lo quiero repetir."

Podés hacerlo de forma ritual: escribiendo una carta a la versión de vos que pensaba que no iba a lograrlo. Nombrando cinco cosas que hiciste diferente esta semana. Haciendo algo simbólico: regalarte un momento especial, un espacio para vos, una pausa sin culpa. No importa el formato. Lo que importa es que no lo dejes pasar como si nada hubiera cambiado.

Porque cambió. Y vos lo sabés.

Celebrarte también es integrar. Es reconocer que este no fue un desafío solo mental. Fue emocional, físico, energético. Y que llegaste hasta acá sin garantías. Con miedo. Con dudas. Pero llegaste. Y eso merece ser sentido. Agradecido. Honrado.

Y aunque haya más camino por recorrer, hoy no estás donde empezaste. Sos otra. Una versión de vos que sabe cómo volver. Que sabe cómo parar. Que sabe cómo no perderse en la mente.

Y eso, por más pequeño que parezca, cambia todo.

Mi cuerpo está empezando
a creerme cuando le digo
que ya no estamos en guerra.
Y eso, para mí, lo cambia todo.

14
CUANDO EL PENSAMIENTO VUELVE: ACTUAR SIN MIEDO

IDENTIFICAR ALERTAS

No existe un punto final donde el pensamiento excesivo desaparece para siempre. Lo sabés. Lo que cambia no es su ausencia, sino tu capacidad de reconocerlo a tiempo. Antes te dabas cuenta cuando ya estabas metida hasta el cuello en un mar de dudas, de repeticiones, de angustias disfrazadas de análisis. Ahora, lo que podés empezar a hacer es detectar los primeros signos. Las pequeñas alarmas. Las señales sutiles que anuncian: "la mente está entrando otra vez en bucle". Y si las identificás a tiempo, podés elegir otra cosa.

La mayoría de las recaídas en el pensamiento excesivo no empiezan con una crisis. Empiezan con una sensación vaga de incomodidad. Una tensión en la mandíbula. Una urgencia por revisar algo. Una necesidad de respuesta inmediata. Una frase que vuelve sin motivo. Y ahí, si no estás atenta, empezás a morder el anzuelo. A meterte otra vez en ese laberinto que ya conocés.

Por eso, lo primero es desarrollar sensibilidad. No para evitar que el pensamiento aparezca —eso es imposible—, sino para reconocer su tono, su color, su forma. Cada mente tiene sus rutas favoritas. Tal vez la tuya empieza con un "¿y si...?", con un "tengo que asegurarme de...", con un "no puedo permitirme fallar en...". No importa cómo se manifieste. Lo importante es que empieces a escuchar tu propio lenguaje mental como una señal temprana.

También hay señales físicas. Tu cuerpo sabe antes que tu mente que estás volviendo al bucle. Se acelera tu respiración. Se cierra el pecho. Se tensa la espalda. Tenés menos paciencia. Dormís peor. Te cuesta decidir cosas simples. Empezás a saltar de una cosa a otra sin terminar ninguna. Eso es una alerta.

Y las alertas emocionales también aparecen. Irritabilidad. Necesidad de control. Impaciencia. Esa sensación de que nada alcanza, de que algo está mal aunque no sepas qué. Todo eso es tu sistema nervioso diciéndote: "estamos entrando de nuevo".

El error sería pensar que eso significa que fallaste. No fallaste. Solo estás humana. Lo que cambia ahora es que podés darte cuenta antes. Y si te das cuenta antes, podés actuar diferente.

Identificar tus señales de activación es un acto de responsabilidad, no de castigo. Es como conocer el clima interno. Saber que si el viento viene del sur, es probable que llueva. Saber que si vuelve esa urgencia de revisar, es probable que tu mente esté buscando alivio donde no lo va a encontrar.

Y cuando sabés eso, no reaccionás igual. Parás. Respirás. Te das espacio. Te recordás que ya no estás obligada a resolver todo con pensamiento.

Eso, aunque no parezca, ya es un corte del patrón. Y cada corte, por pequeño que sea, es una victoria silenciosa.

RESPUESTA RÁPIDA

Cuando el pensamiento excesivo empieza a ganar espacio, no tenés que esperar a que se apague solo. No tenés que entender todo. No tenés que analizar el porqué. Solo necesitás una cosa: interrumpir la espiral. Y para eso, lo más eficaz no es pensar diferente. Es actuar. Rápido. Concreto. Presente.

La mente funciona como un algoritmo: si detecta que estás entrando en bucle y no hacés nada distinto, lo toma como señal de que tiene permiso para seguir. Pero si cortás con una acción, aunque mínima, interrumpís el patrón. No importa si la acción no soluciona nada. Lo importante es que te saca del plano mental y te devuelve al plano real.

Una técnica útil es elegir un "primer paso" que puedas hacer en dos minutos o menos. Algo que no requiera voluntad heroica. Algo que te mueva del lugar literal o simbólicamente. Pararte. Caminar. Cambiar de habitación. Beber agua. Abrir una ventana. Apoyar los pies en el suelo. Escribir una sola línea que diga lo que sentís. Respirar tres veces lentas. Lo que sea, pero hacelo. Ya.

No te preguntes si tenés ganas. No esperes a sentirte lista. No busques la acción ideal. Cualquier cosa que implique movimiento te devuelve agencia. Porque cuando pensás demasiado, lo que se pierde es la sensación de poder. Sentís que las ideas te manejan. Pero si vos actuás, aunque sea un gesto mínimo, le estás diciendo a tu sistema: "no estoy atrapada".

Otra herramienta es tener una técnica de emergencia ya definida. Una que funcione como interruptor. Puede ser una frase que te ancle ("esto es solo un pensamiento, no una verdad"), una imagen que te calme, una música que te baje a tierra. Tener eso preparado te ahorra tiempo. Porque en el momento del bucle, la mente no colabora. Por eso hay que anticiparse.

También podés usar el cuerpo como respuesta directa: sacudir las manos, mover el cuello, tensar y soltar los músculos. El movimiento físico cambia el estado interno. No es teoría: es biología. Cambiás el gesto, y eso le dice a tu cerebro que ya no estás en amenaza.

No subestimes el poder de lo inmediato. Porque si esperás a "entender qué te pasa" para accionar, ya es tarde. El pensamiento te absorbe. En cambio, si interrumpís apenas lo notás, cortás el circuito antes de que escale.

La acción no siempre resuelve. Pero siempre libera. Te pone en movimiento. Te recuerda que no sos solo una cabeza girando ideas.

Y si eso ocurre una vez, ya es mucho. Pero si lo repetís cada vez, se vuelve un nuevo patrón. Uno donde la respuesta ya no es pensar más, sino actuar sin miedo.

SISTEMA DE SOPORTE

Una de las razones por las que el pensamiento excesivo se vuelve tan potente es porque muchas veces lo vivís en soledad. Callada. Aislada. Convencida de que tenés que resolver todo adentro tuyo antes de compartirlo. Como si hablar sin una conclusión fuera molestar. Como si pedir ayuda sin saber exactamente qué necesitás fuera una debilidad. Pero no lo es. Es lo más humano que hay.

Y es también una de las claves para que el cambio se sostenga en el tiempo: tener un sistema de soporte. Gente que sepa lo que estás atravesando. Que entienda que no necesitás consejos, sino presencia. Que pueda recordarte, cuando te olvidás, que ya aprendiste a salir del bucle. Que pueda ser ancla cuando vos no podés hacerlo sola.

Ese soporte puede tomar muchas formas. Una amiga que sabe que cuando le escribís "me fui", significa que tu mente volvió a girar. Un grupo pequeño donde podés compartir avances, recaídas, prácticas. Un profesional que te acompaña en los momentos en que el patrón se hace más fuerte. Un cuaderno donde registrás tu camino como si fuera una amiga que te escucha.

Lo esencial es que no tengas que sostenerte siempre sola. Porque cuando tu única referencia es tu mente, y esa mente está en alerta, el bucle se fortalece. Pero cuando tenés un punto de apoyo externo, tu sistema se regula más rápido.

También podés crear recordatorios físicos que actúen como pequeñas redes de contención. Una frase pegada en el espejo. Un objeto en la cartera que te recuerde volver. Un audio grabado por vos para escucharte cuando la mente te saque. Esos gestos no son ingenuos. Son estrategias de anclaje. Son maneras de extender tu presencia en el tiempo.

Tu sistema de soporte también incluye las prácticas que ya te funcionan. No todas sirven siempre. Pero tener una lista personal —mental o escrita— de lo que te ayuda, te da opciones cuando la mente se bloquea. Porque en el momento de la recaída, no pensás con claridad. Necesitás prepararte antes.

Y lo más importante: no te juzgues por necesitar ayuda. El pensamiento excesivo muchas veces nace del aislamiento emocional. De sentir que si no resolvés todo sola, no valés. Pero eso es una mentira que ya no necesitás seguir creyendo.

Apoyarte no es caer. Es elegir sostenerte de forma más amorosa. Es recordar que no todo tenés que enfrentarlo sola. Que no hay premio por hacerlo todo en silencio. Y que incluso cuando te olvidás de todo lo que aprendiste, podés rodearte de personas, gestos y herramientas que te lo recuerden.

Porque el pensamiento va a volver. Pero ahora, vos también.

Hay días en los que vuelvo a pensar de más,
pero ahora tengo herramientas,
tengo espacios, y tengo la certeza
de que puedo volver a mí.

15
VIVIR MÁS ALLÁ DEL PENSAMIENTO CONSTANTE

EXPERIENCIA DIRECTA

Estás tan habituada a pensar antes de hacer, a pensar antes de sentir, a pensar antes de vivir, que quizás ni te diste cuenta de que hay otra forma. Una forma en la que la experiencia llega sin que tengas que traducirla primero en palabras. Sin que tengas que explicarla, analizarla, justificarla. Simplemente vivirla. Respirarla. Habitarla.

La experiencia directa es eso: estar en el momento sin intermediarios mentales. Sentir lo que sentís sin preguntarte si deberías sentir otra cosa. Estar con alguien sin repasar la conversación mientras sucede. Caminar sin pensar que estás caminando bien o mal. Comer sin planificar la próxima comida. Amar sin calcular si vas a salir lastimada. Estar sin estar interpretando.

No es fácil. Porque tu mente quiere participar de todo. Quiere asegurarse de que lo estás haciendo bien. Quiere comentar lo que pasa, anticipar lo que vendrá, corregir lo que ya fue. Pero cuando le das a la mente ese rol de editora principal, te perdés la película completa. Vivís como si vieras la vida desde la cabina de control. Lejos. Filtrada. Distante.

La experiencia directa no requiere que pienses menos a la fuerza. Solo que empieces a soltar el hábito de interrumpir lo que pasa con pensamiento innecesario. Que empieces a notar cuándo podés simplemente estar. Que te des el permiso de vivir sin necesidad de comprender todo en tiempo real. Porque el entendimiento profundo casi siempre llega después. En el cuerpo. En la calma. En el recuerdo. Pero mientras tanto, hay que estar ahí. En lo que hay.

Y estar ahí es una decisión. Es una práctica. Es un volver. Una y otra vez. Cuando estás conversando, y tu mente se va, volvés. Cuando estás abrazando, y empezás a pensar qué significa ese gesto, volvés. Cuando estás bailando, y te preguntás si te están mirando, volvés. Volvés a la sensación. Al cuerpo. A la respiración. A lo que hay ahora.

Lo que más alivia del pensamiento excesivo no es dejar de pensar. Es empezar a vivir por fuera de él. A dejar que algunas cosas simplemente sucedan. A permitir que la vida te atraviese sin necesidad de categorizar todo. A dejar un margen de misterio. De espontaneidad. De humanidad.

Y ahí pasa algo mágico: el presente se vuelve suficiente. No porque todo sea perfecto. Sino porque vos estás adentro. Estás conectada. Estás disponible.

La experiencia directa es la antítesis del juicio. No se pregunta "¿es correcto esto que estoy sintiendo?", sino que lo siente. No busca etiquetas. No compara. No evalúa. Habita. Y al habitar, transforma.

Porque cuando vivís lo que vivís sin el filtro de la mente, lo que vivís te cambia. Te modifica. Te toca. Te deja algo.

Y eso, más que cualquier análisis, es lo que cura.

SER CONECTADO

No sos tus pensamientos. Ya lo sabés. Pero tampoco sos solo un cuerpo que respira. Ni solo una historia que contar. Sos una conciencia que observa, una presencia que elige, una identidad que se redefine cada día. Y cuando el pensamiento deja de ser el centro de tu mundo interno, empieza a emerger otra versión de vos: más integrada, más libre, más conectada.

Conectada no quiere decir perfecta. Quiere decir presente. No quiere decir que siempre sabés qué hacer. Quiere decir que sabés escucharte. Que sabés pausar. Que sabés reconocer cuándo estás repitiendo y cuándo estás eligiendo. Que sabés cuándo tu mente está reaccionando y cuándo tu ser está actuando.

Ese ser conectado no se construye de golpe. Se revela cuando empezás a vivir desde otro lugar. No desde la urgencia. No desde la corrección. No desde el miedo. Desde el centro. Desde la coherencia. Desde lo que sentís antes que desde lo que pensás. Desde lo que sabés en el cuerpo aunque no tengas todas las palabras.

No necesitás tener todo resuelto para vivir conectada. Solo necesitás una práctica: volver a vos. Cada día. Cada vez que te vas. Cada vez que te atrapás en lo de siempre. Volver a vos es preguntarte: "¿Esto que estoy pensando es mío o es automático?" "¿Esto que estoy haciendo me representa hoy?" "¿Esto que estoy eligiendo está alineado con quien quiero ser?"

Y si la respuesta es no, no te castigás. Te reubicás. Te reacomodás. Te volvés a centrar. Porque eso es lo que hace alguien que vive desde el ser: elige con consciencia, no con miedo.

El pensamiento es útil. Pero no puede ser tu guía principal. Porque piensa en función del pasado. En función de lo que aprendiste, de lo que temés, de lo que no querés repetir. Tu ser, en cambio, siente en función del presente. Es más lento, más silencioso, pero infinitamente más sabio.

Cuando vivís conectada, no todo te duele menos. Pero lo que duele, te duele con sentido. No te vacía. Te enseña. Y lo que alegra, lo vivís de verdad. No como algo que analizás mientras sucede. Sino como algo que te atraviesa. Que te expande. Que te devuelve a la vida real.

Ese estado no es un logro. Es una práctica. Una forma de estar. Una identidad que se entrena. Y que te transforma, no porque no sientas miedo, sino porque ya no necesitás que todo esté bajo control para vivir desde vos.

Ser conectada es darte permiso de ser muchas cosas al mismo tiempo. Clara y confundida. Segura y temerosa. Serena y caótica. Pero siempre habitándote. Siempre volviendo. Siempre siendo.

SENTIR SIN MANIPULAR

El último hábito que se rompe cuando dejás de vivir desde el pensamiento constante es este: el de manipular lo que sentís. Porque durante años, tu mente creyó que debía corregir, controlar, reformular cada emoción. Como si sentir fuera algo que había que traducir para que tenga sentido. O justificar para que sea válido. O suavizar para que no incomode.

Pero la emoción no necesita explicarse. Necesita espacio. Necesita permiso. Necesita presencia. Y eso es exactamente lo que empieza a pasar cuando tu pensamiento ya no lo ocupa todo: la emoción encuentra lugar para desplegarse tal como es.

Sentir sin manipular no significa que te ahogás en lo que sentís. Significa que lo registrás sin intervenir. Que te das unos segundos más antes de nombrarlo. Que lo vivís como una energía, como una vibración, como un pulso. No como una sentencia.

La tristeza no es una prueba de que algo está mal. Es una señal de que algo te importa. El enojo no es una falla. Es una señal de que algo te duele o que algo necesita un límite. El miedo no es debilidad. Es alerta. Es protección. Es parte de vos.

Pero cuando la mente se entromete, transforma todo eso en problema. En algo que "no deberías estar sintiendo", en algo que hay que ocultar, o en algo que hay que sobreanalizar. Y así empezás a vivir a distancia de lo que te pasa. Te volvés espectadora de tus emociones.

Pero ahora, con más espacio interno, podés elegir otra cosa. Podés dejar que la emoción simplemente esté. Sin forzarla. Sin acelerarla. Sin juzgarla. Como un huésped que entra, se sienta, se expresa, y cuando lo escuchás de verdad, se va. No porque lo echaste. Porque ya no necesita gritar para ser oído.

Eso transforma tu mundo interno. Porque ya no necesitás pensar tanto para regularte. Ya no usás la mente como barrera. Usás la presencia como contención. Y desde ahí, vivís más profundo.

Vivir profundo no significa vivir en drama. Significa que lo que vivís te toca. Que no pasás por encima de lo que sentís. Que no necesitás anestesiarte con explicación. Que podés llorar sin tener que entender. Que podés reír sin preguntarte por qué. Que podés simplemente sentir. Así. Crudo. Real. Presente.

Ese nivel de contacto no te hace más débil. Te hace más libre. Porque ya no hay tanto que esconder. Porque ya no necesitás filtrar lo que sos. Porque ya no dependés del pensamiento para validar tu existencia.

Y ahí, cuando te permitís eso, descubrís algo que nadie te enseñó: sentir sin manipular es la forma más pura de libertad emocional.

Quiero vivir desde lo que siento,
no desde lo que analizo.
No vine a esta vida a entenderlo todo,
sino a vivirlo de verdad.

16
SOLO EL 1% LO HACE… TÚ AHORA TAMBIÉN

QUÉ TE HACE DIFERENTE

Hay algo que cambió en vos, y no fue por casualidad. No fue porque un día tu mente se calló sola, ni porque alguien vino a darte todas las respuestas. Fue porque decidiste hacer algo que muy pocas personas hacen: parar. Mirarte. Elegir distinto. Y no solo una vez. Lo hiciste cada día de este proceso. Aunque fuera incómodo. Aunque fuera más fácil seguir como antes. Aunque nadie más lo notara. Esa constancia silenciosa es lo que te vuelve parte de ese pequeño grupo —el 1%— que no solo quiere sentirse mejor, sino que está dispuesto a actuar diferente para lograrlo.

¿Sabés cuánta gente dice "tengo que pensar menos"? Mucha. ¿Cuánta empieza un cambio real en su manera de estar en el mundo? Pocas. ¿Y cuántas lo sostienen hasta convertirlo en una forma de vivir? Muy, muy pocas. Y vos lo hiciste. No perfecto. No sin recaídas. No sin momentos de duda. Pero lo hiciste.

Eso no te hace mejor que nadie. Pero sí te hace diferente. Porque elegiste dejar de definirte por tus pensamientos. Elegiste salir del piloto automático. Elegiste recuperar la atención, la calma, el cuerpo. Elegiste dejar de sobrevivir para empezar a vivir con presencia.

Lo más valioso de todo este proceso no es lo que aprendiste, sino lo que fuiste practicando hasta que dejó de ser teoría. Cada respiración consciente. Cada interrupción de un bucle mental. Cada decisión tomada desde la calma y no desde el miedo. Cada acto pequeño fue formando la base de algo nuevo: una vida con espacio. Con dirección. Con sentido.

Ahora sabés cómo volver cuando te vas. Sabés cómo interrumpir una rumiación antes de que te devore. Sabés cómo bajar el volumen a esa voz que antes te dictaba todo. Sabés cómo sentir sin manipular. Y sobre todo, sabés que no necesitás estar pensando todo el tiempo para estar a salvo.

Eso no es poco. Eso es transformación. Aunque no siempre lo veas, aunque haya días en que sientas que volvés atrás, algo adentro ya se reorganizó. Y esa reconfiguración, esa diferencia silenciosa, no se borra.

Porque una vez que sabés cómo estar en vos, ya no te perdés igual.

IDENTIDAD MENTAL NUEVA

Pensabas que el objetivo era pensar menos. Pero en realidad, lo que hiciste fue algo mucho más profundo: construiste una identidad mental nueva. Una forma distinta de habitar tu mundo interno. Una relación contigo misma más real, más amable, más sólida. Ya no sos la que se cree todo lo que piensa. Sos la que puede observar, elegir, redirigir. Sos la que puede actuar sin certezas, descansar sin culpa, decidir sin drama. Y eso cambia todo.

La identidad mental no es una etiqueta. Es una estructura que se forma con hábitos, con creencias, con formas de interpretarte. Y por años, viviste con una identidad mental basada en la exigencia, el control, la sobrestimulación. Te definiste desde la lógica de la corrección constante: arreglarte, entenderte, pensarte sin parar. Pero ahora estás en otro lugar. Y ese lugar no se define por lo que hacés, sino por cómo te vinculás con lo que hacés.

La nueva identidad no dice "yo soy una persona que piensa demasiado". Dice "yo soy alguien que sabe cuándo pensar y cuándo parar". No dice "necesito tener todo claro para actuar". Dice "puedo moverme aún con dudas". No dice "todo depende de mí". Dice "puedo confiar en el proceso".

Esta nueva forma de pensar no es la ausencia de pensamiento. Es una forma de pensar más saludable, más alineada, más selectiva. Es saber cuándo tu mente está aportando valor y cuándo está saboteando. Cuándo está en modo supervivencia y cuándo está en modo presencia. Y a partir de eso, tomar decisiones distintas.

Tus hábitos también cambiaron. Ahora hay más espacio entre estímulo y respuesta. Hay más momentos de pausa intencional. Más elecciones conscientes. Más conciencia corporal. Más anclajes. Más recursos. Y aunque algunos días todo eso se desdibuje, sabés que está. Sabés que podés volver.

Porque una identidad mental nueva no es una máscara que te ponés. Es una raíz que fuiste cultivando sin darte cuenta.

En cada práctica. En cada microcambio. En cada decisión de mirar hacia adentro con más compasión y menos juicio.

Y lo más poderoso es que esta identidad no depende de estar bien todo el tiempo. Al contrario. Es la que te acompaña cuando no estás bien. La que sostiene cuando no hay claridad. La que te recuerda que no sos tus pensamientos, que no estás rota, que no necesitás resolverlo todo ya para estar en vos.

Esa sos ahora. No porque seas perfecta. Porque ya no te abandonás.

VISIÓN PERSONAL A FUTURO

Cuando tu mente deja de ocupar todo el espacio, aparece algo que estaba dormido: la visión. Una forma de ver más allá del problema inmediato. De imaginar sin ansiedad. De proyectarte sin que cada paso te exija una garantía. Porque ahora sabés que no necesitás controlar el futuro para caminar hacia él.

La visión personal no es una lista de metas. Es una forma de estar en el mundo. Es saber desde qué lugar querés construir tus días. Es tener claro qué versión de vos querés alimentar con tus acciones. Es elegir con intención, no con impulso. Con presencia, no con urgencia.

Después de este proceso, tu visión no tiene que ser grandiosa. Tiene que ser real. Sincera. Conectada con lo que importa. Tal vez incluye vivir con más tiempo para vos. O trabajar desde un lugar con menos autoexigencia. O vincularte sin sobrepensar cada palabra. O descansar sin pedirte permiso. O crear algo que nace de tu calma, no de tu ansiedad.

Sea lo que sea, esa visión no nace de una expectativa externa. Nace de adentro. De lo que empezaste a escuchar cuando el ruido bajó. De lo que sentiste cuando no estabas corriendo todo el tiempo. De lo que te conmovió en los momentos de pausa.

Y ahora sabés que podés vivir con esa dirección sin tener todo resuelto. Porque no estás esperando la vida perfecta para empezar a actuar. Ya estás actuando. Cada vez que volvés al presente. Cada vez que frenás antes de reaccionar. Cada vez que decís que no desde el cuerpo, y no desde la culpa. Cada vez que te tratás como una aliada, no como una enemiga.

Eso es vivir con visión. No es mirar lejos. Es elegir cada día lo que te acerca a quien querés ser. Aunque sea en un solo gesto. En una sola palabra. En una sola respiración.

La mente al servicio de tu vida. No al revés. El pensamiento como herramienta. No como dueño. El presente como plataforma. No como obstáculo.

Y vos como protagonista. No como víctima de lo que pasa adentro tuyo.

Ahora podés imaginar un futuro con más calma, no porque todo esté resuelto, sino porque ya sabés que podés acompañarte en el proceso. Porque ya sabés cómo volver cuando te vas. Porque ya sabés cómo pensar sin perderte.

Y eso no te lo saca nadie.

Yo siempre voy a estar bien,
aunque no pueda dormir,
aunque me duela la cabeza
y no tenga apetito,
aunque sobrepiense las cosas,
yo siempre estaré bien.

EPÍLOGO

Si llegaste hasta acá, no es porque ya estés completamente bien. Es porque ya no sos la misma que empezó este camino. Y eso es mucho más importante.

Durante estas páginas, no te prometí perfección. No te prometí que ibas a dejar de pensar para siempre. Te invité a algo más real: a pensar distinto. A habitarte distinto. A vivirte desde otro lugar. Y vos aceptaste. Paso a paso. Día a día. Decisión tras decisión.

No fue fácil. Lo sé. Porque hacer silencio en medio del ruido no es cómodo. Porque pausar cuando tu mente está acostumbrada a correr es un acto de valentía. Porque mirar adentro sin escapar requiere coraje. Pero lo hiciste. Lo estás haciendo. Y aunque no siempre se note desde afuera, por dentro ya hay algo que cambió para siempre.

A lo mejor todavía te cansás. Todavía te duele. Todavía te perdés. Pero ahora sabés volver. Sabés qué hacer cuando tu cabeza se acelera. Sabés cómo interrumpir el bucle antes de que te trague. Sabés que no tenés que resolverlo todo para estar en paz. Sabés que no estás rota. Que no estás sola. Que no estás loca por sentir tanto. Que no necesitás pensar diez veces lo mismo para que sea válido lo que sentís.

Ahora sabés que tenés poder. Y que ese poder está en vos.

No en la mente perfecta. No en el control absoluto. No en la respuesta correcta. Está en tu presencia. En tu respiración. En tu decisión de elegirte todos los días, incluso en los días que no te salen bien.

No hay línea de llegada. No hay final feliz con moño. Hay práctica. Hay recaídas. Hay días oscuros. Pero también hay herramientas. Hay consciencia. Hay calma posible. Hay verdad. Y esa verdad, una vez que la tocás, te transforma para siempre.

No estás curada. Estás viva. Estás despierta. Estás volviendo a casa.

Y cada vez que te pierdas —porque te vas a perder—, vas a tener un mapa. No porque esté escrito acá. Porque ya lo tenés adentro.

Y eso es lo que hace la diferencia entre sobrevivir en la mente y vivir desde el centro.

No lo olvides nunca: pensaste demasiado tiempo para protegerte. Pero no viniste a esta vida a protegerte todo el tiempo. Viniste a vivirla. A sentirla. A elegirla.

Y ahora sabés cómo hacerlo.

Seguí. A tu ritmo. A tu manera. Pero seguí.

Porque tu vida real no empieza cuando todo esté en orden. Empieza cada vez que volvés a vos.

Y vos, ahora, sabés volver.

VOY A ESTAR BIEN,

VOLVERÁS A SER FELIZ.

www.ingramcontent.com/pod-product-compliance
Lightning Source LLC
LaVergne TN
LVHW091556060526
838200LV00036B/858